Das Unbehagen im Frieden

Peter Fischer
Eva Lermer

Das Unbehagen im Frieden

Die neue Lust am Leid

claudius

*„Friede macht Reichtum, Reichtum macht Übermut,
Übermut bringt Krieg, Krieg bringt Armut,
Armut macht Demut, Demut macht wieder Frieden."*

Johann Geiler von Kaysersberg (1445–1510),
Straßburger Dom- und Volksprediger des späten Mittelalters

INHALT

Einleitung

In diesem Buch gehen wir der Frage nach, ob und warum wir Menschen nach längeren Phasen positiver gesellschaftlicher und ökonomischer Entwicklung immer wieder abgleiten in unangemessene Konfliktfreudigkeit und gefährliche Risikobereitschaft. Zur Beantwortung dieser Frage werden grundlegende psychologische Prozesse identifiziert und an aktuellen Beispielen des Weltgeschehens illustriert. Die hier recherchierten Phänomene stützen unsere Hypothese, wonach wir aus positiven sozial-psychologischen Zuständen – aus welchem Grund auch immer – wieder und wieder der Friedfertigkeit den Rücken kehren müssen, rein in die Aggression und in den Konflikt. Kann es sein, dass uns Menschen nach einer Zeit des wirtschaftlichen Wohlstands langweilig wird und wir deshalb wieder ins Risiko driften? Ein Gedanke, der nicht neu und doch heutzutage von enormer Relevanz ist. Gerade die immer wieder (vielleicht auch immer mehr) beobachtbare Lust am Leid anderer Menschen hat uns zu denken gegeben und war am Ende ausschlaggebend, dieses Buch zu schreiben. Es wird wissenschaftlich fundiert der Frage nachgegangen, ob es diesen paradoxen Effekt des Wohlstandsübermutes gibt und ob dieser immer wieder für unsägliches Leid in der menschlichen Weltgesellschaft verantwortlich sein könnte. Das Buch ist auf der Basis wissenschaftlicher Erkenntnisse aus der modernen psychologischen Forschung geschrieben; es ist allerdings auch so geschrieben, dass alle, egal aus welcher Fachdisziplin sie kommen, es verstehen können. Wir sind der Ansicht, dass dieser Effekt einfach zu wichtig ist, als dass nicht jeder einzelne für sich ihn verstehen, reflektieren und nach Möglichkeit gegensteuern können sollte. Doch was genau ist damit gemeint? Hierfür lassen sich zahlreiche Beispiele aufführen: So etwa finden wir in Medienberichten immer häufiger Fälle, in denen Gaffer Unfälle und andere kritische Situationen beobachten und sogar filmen, ohne selbst zu helfen. Wenn man versucht, sie vom Unfallort zu entfernen, dann reagieren viele aggressiv. Beinahe so, als wäre es für sie in dieser Situation das Befriedigendste, das Leid der anderen Menschen zu beobachten. Die Digitalisierung und Allgegenwärtigkeit sozialer Medien könnte diesen psychologischen Prozess und das damit verbundene Bedürfnis der Lust am Leid der anderen zunehmend befeuern. Doch lassen Sie uns auch einmal einen Blick auf aktuelle politische Entwicklungen in Deutschland und anderen Teilen der Welt werfen und diese psychologisch analysieren.

In Deutschland leben wir – gesamtgesellschaftlich betrachtet – in einer Zeit, die bezogen auf den sozioökonomischen Wohlstand vergleichbar ist mit den Jahren des Wirtschaftswunders oder den Jahren unmittelbar nach der deutschen Wiedervereinigung. Die Arbeitslosigkeit ist auf einem Rekordtief, der Deutsche Aktienindex ist auf Rekordhöchststand und noch nie wurden in Deutschland so viele Immobilien gekauft wie in den letzten Jahren. Umso erstaunlicher ist es, dass gerade in solchen wirtschaftlich und gesellschaftlich guten Zeiten rechtsextreme und rechtspopulistische Parteien einen derartigen Zulauf verzeichnen – ein Phänomen, das sich allerdings nicht nur in Deutschland wiederfindet. An sich kennen wir aus der psychologischen Forschung gegenteilige Effekte: Menschen werden autoritärer, wenn es ihnen wirtschaftlich schlecht geht oder sie sich anderweitig bedroht fühlen (vgl. zum Beispiel Fischer et al., 2007; siehe auch Tetlock, 2002). Wir kennen allerdings nicht den Effekt, dass Menschen im großen Stile autoritärer werden, wenn es ihnen wirtschaftlich besonders gut geht. Wer hätte sich jemals vorstellen können, dass in Deutschland, nach allem, was in der Zeit des Nationalsozialismus passiert ist, wieder eine rechtsextreme Partei in den Bundestag einziehen würde? Der Rechtsextremismus hat in Deutschland zur industriellen Vernichtung von Menschen geführt, zu Massenmord an Juden in einem nicht vorstellbaren Ausmaß, zum dunkelsten Punkt der gesamten Menschheitsgeschichte. Und jetzt, gerade wenn es den meisten von uns so gut geht wie seit langem nicht mehr, wählen wir wieder Politiker, die die deutsche Schuld leugnen, die Holocaust-Mahnmale verunglimpfen und das Leid und den Tod von Millionen von Menschen plötzlich nicht mehr wahrhaben wollen. Ist dies wissenschaftlich erklärbar? Kann man hier vielleicht sogar eine sozialpsychologische/allgemeinpsychologische Gesetzmäßigkeit ableiten? Wir denken: Ja.

Das vorliegende Buch geht der Frage nach, ob eine wirtschaftliche und gesellschaftliche Sättigung nicht auch dazu führen kann, dass wir plötzlich wieder nach rechts abdriften. In anderen Worten: Wir behaupten, dass es Menschen in besonders guten Zeiten so „langweilig" werden kann, dass sie dann wieder „action" suchen. Gesellschaftliche Umwälzungen sind dabei ein willkommener Anlass, denn sie sind neu, spannend, aufregend. Man weiß nicht, was am Ende rauskommt. Es kommt einem so vor, als ob es für viele Menschen nach einer langen Phase des Friedens und Wohlstands wieder an der Zeit ist, etwas zu „zündeln". Wer aktuell in die Welt blickt, sieht so oft einen Rechtsruck und gesellschaftliche Experimente: Trump, Brexit, die AfD. Die Wähler heben dabei Menschen ins Amt, die das negative Potenzial haben, die gesellschaftlichen Verhältnisse radikal zu ändern. Sie gehen das Risiko ein, dass dies alles nicht gut gehen wird. Dennoch: Sie gehen es überall auf der Welt ein. Ähnliche Effekte kennt man auch aus dem psychologischen Labor. Beispielsweise konnten Timothy Wilson und Kollegen (2014) in ihrer Studie eindrucksvoll zeigen, dass sich Menschen lieber einen leichten Schmerz zuführen, als gar keine Ablenkung (sensorischen Input) zu erhalten. In dieser Studie mussten Versuchspersonen 15 Minuten in einer reizarmen Umgebung, sprich ohne Bilder an den Wänden, ohne etwas zum Lesen oder dem Handy, warten. Die einzige Vorgabe bestand darin, sich durch Gedanken an ein frei gewähltes Thema selbst zu beschäftigen und wach zu bleiben. Zusätzlich hatten die Teilnehmer die Möglichkeit sich während dieser Zeit leichte Elektroschocks über eine Elektrode zu verpassen. Das erschreckende Ergebnis: Mehr als zwei Drittel der männlichen Versuchspersonen und jede vierte weibliche Teilnehmerin erteilte sich freiwillig während der Wartezeit mindestens einen leichten Elektroschock.

In dieser Abhandlung wird der Effekt des Wohlstandsübermutes aus verschiedenen psychologischen Perspektiven beleuchtet. Wir werden moderne psychologische Theorien und Erkenntnisse auf diesen Effekt anwenden. Hierdurch wird offensichtlich, dass es insgesamt sehr viele empirische Belege dafür gibt, dass wir Menschen ein großes Problem damit haben, positive Zustände wie Frieden, Wohlstand und Freude langfristig „auszuhalten“. Die hier geschilderten psychologisch-theoretischen Ansätze umfassen sowohl individualpsychologische Erklärungen als auch gruppenpsychologische Erklärungen. Aus unserer Sicht ist dies aktuell einer der seriösesten und hilfreichsten Herangehensweisen an die Vorhersage von menschlichem Verhalten.

Die klassische und moderne Persönlichkeitspsychologie (Individualpsychologie) zeigt, dass in uns allen bestimmte Persönlichkeitseigenschaften stecken. Diese sind zum einen biologisch angelegt und zum anderen in der frühkindlichen (und zum Teil auch späteren) Sozialisation erlernt worden. Das Zusammenspiel von Biologie und Umwelt ergibt das, was wir „Persönlichkeit“ nennen. Alle Menschen sind absolut heterogen in den Ausprägungen und Kombinationen ihrer Persönlichkeitseigenschaften; kein Mensch ist in seiner Persönlichkeit identisch mit einem anderen Menschen (zumindest wäre dies extrem unwahrscheinlich). Allerdings gibt es gewisse gemeinsame Nenner wie zum Beispiel die sogenannten „Big Five“. Nach einer längeren Entwicklungsgeschichte dieses Persönlichkeitsmodells waren es unter anderem Costa und McCrae (1992), die zeigen konnten, dass die DNA menschlicher Persönlichkeit grob in fünf messbare Eigenschaften eingeteilt werden kann: Neurotizismus (emotionale Labilität), Extraversion (Geselligkeit), Offenheit für Erfahrung, Gewissenhaftigkeit und soziale Verträglichkeit (Rücksichtnahme und Empathie).

Die Persönlichkeit eines Menschen ist maßgeblich für seine Entscheidungen und sein Verhalten verantwortlich. Ein Ziel der Psychologie besteht darin, Verhaltensweisen zu prognostizieren. Meist geschieht dies dadurch, dass Prognosen aufgrund von Wahrscheinlichkeiten gemacht werden. Ein Studienergebnis einer Meta-Analyse von Wicker aus dem Jahr 1969 etwa zeigt eine teilweise große Spanne zwischen unserer Einstellung zu einer Sache und unserem späteren tatsächlichen Verhalten. Sprich, was Menschen sagen, stimmt nur zu etwa einem Drittel mit dem überein, was sie später auch wirklich tun – und das, obwohl uns allen viel daran gelegen ist, konsistent, vorhersagbar und damit vertrauenswürdig zu erscheinen. Das spezifische Verhalten von Einzelnen lässt sich zwar grundsätzlich schwer vorhersagen, aber immer noch am besten mit den Erkenntnissen der Persönlichkeitspsychologie. Man erinnere sich nur an den Skandal um Cambridge Analytica (2018), denen vorgeworfen wird, dass sie auf Basis von Facebook die Daten (Likes) von Millionen von Nutzer entsprechend der Big Five eingeteilt haben, um damit vorherzusagen, wer potenziell Trump-Wähler sein könnte oder nicht. Entsprechend dieser psychologischen Analyse kann zudem die Einstellung von Wählern durch eine entsprechende Kommunikation manipuliert werden. Mögliche Methoden sind hier zum Beispiel die maßgeschneiderte (Wahl-)Werbung, die den Empfänger in seinem Verhalten beeinflussen soll (Cadwalladr, 2018).

Der Psychologe Michal Kosinski und seine Kollegen hatten bereits im Jahr 2013 gezeigt, wie zu diesem Zeitpunkt leicht zugängliche Facebook-Daten dazu verwendet werden können, um Aussagen über Personen zu machen: etwa über deren sexuelle Orientierung, kulturelle Abstammung, Persönlichkeit, Intelligenz oder eben auch ihre politische Orientierung (Kosinski, Stillwell, & Graepel, 2013).

Wie bereits angesprochen, sind Menschen aber nicht nur Individualwesen. Neben unseren Individualausprägungen sind wir auch absolute „Gruppenwesen", und so leiden wir sehr, wenn wir aus Gruppen ausgeschlossen werden (vgl. Williams, 2001). In einer Vielzahl von Studien konnten ForscherInnen um Kipp Williams zeigen, dass soziale Ausgrenzung desaströs negative Effekte auf das psychologische Wohlbefinden und die soziale Entwicklung von Menschen hat (Williams, 2007). Das geht so weit, dass – wie neurowissenschaftliche Studien belegen – durch das Gefühl des Ausgeschlossenwerdens unser Gehirn ein ähnliches Muster aktiviert, wie beim Empfinden von körperlichem Schmerz (vgl. Eisenberger, Lieberman und Williams, 2003). Oder einfacher gesagt: Sozialer Schmerz „tut ähnlich weh" wie körperlicher Schmerz. Daraus lässt sich überzeugend ableiten, wie wichtig Gruppen für uns sind. Sie waren und sind in der evolutionären Entwicklung unseres Gehirns ein entscheidender Faktor. In Gruppen lässt es sich wesentlich besser überleben, lassen sich wesentlich größere und ressourcenintensive Projekte bewerkstelligen als durch eine einzelne Person. Die moderne Gruppenpsychologie zeigt in einer Vielzahl von Forschungsschwerpunkten, wie sehr und wie stark wir uns durch wahrgenommene Gruppenmitgliedschaft beeinflussen lassen. Überlegen Sie mal, wie leicht wir uns in Gruppen einteilen lassen: beim Sport, in der Arbeit oder auf einem Fest. Meist reichen schon physische Merkmale wie Haarfarbe oder Augenfarbe (siehe die klassischen Studien von Sherif, 1966; Sherif & Sherif, 1953; siehe auch Haslam, 2004).

Die Vergangenheit hat es bereits bewiesen: Zahlreiche großartige Leistungen der Menschheit konnten nur in Gruppen realisiert werden. Hierfür finden sich unzählige Beispiele, wie etwa die Internationale Raumstation ISS oder auch die Erbauung Roms. Aber auch die schlimmsten Verbrechen und Grausamkeiten der Menschen wurden in Gruppen verübt.

Menschen können bewusst und unbewusst grausam sein. In der Forschung differenzieren wir zwischen bewussten und weniger oder nicht bewussten Entscheidungen (Kahneman, 2010). Unser Anliegen ist es, dazu beizutragen, dass psychologische Effekte, die die Existenz des Friedens in Gefahr bringen können, bekannter werden. Denn vieles in unserem Denken läuft automatisch und nicht bewusst ab. Indem wir uns mancher dieser Effekte bewusst werden, können diese ihre Wirkung auf unser Verhalten ein Stück weit verlieren. Gerade die Forschungen aus der klinischen Psychologie zeigen, wie wichtig es ist, dass wir uns unserer häufig irrationalen, emotionsbasierten tieferen psychologischen Neigungen bewusst werden. Durch Bewusstmachung dieser psychologischen Prozesse werden Ängste, Sorgen und Depressionen als leichter erträglich empfunden. Der einzige Zugang, den wir Menschen zu unseren 100 Milliarden Nervenzellen im Gehirn haben, ist die Bewusstmachung tieferliegender psychologischer Prozesse. Der überwiegende Teil unserer Wahrnehmung und unseres tatsächlichen Verhaltens läuft unbewusst ab. Man schätzt, dass ca. 90 Prozent des menschlichen Erlebens und Verhaltens relativ automatisiert abläuft. Studien aus verschiedenen Bereichen der Psychologie aber zeigen, dass viele dieser Effekte reduziert werden können, indem man Menschen diese Effekte bewusst macht (Cassotti & Moutier, 2010). Ein gutes, heute bereits recht bekanntes Beispiel hierfür ist die erste Frage aus dem *kognitiven Reflexionstest* von Shane Frederick (2005). Machen Sie doch gleich mit und versuchen Sie, diese Frage spontan zu beantworten:

> *Ein Schläger und ein Ball kosten zusammen 1 Euro und 10 Cent. Der Schläger kostet 1 Euro mehr als der Ball. Wie viel kostet der Ball?*

Die spontane Antwort vieler Menschen ist: 10 Cent. Allerdings ist diese impulsive Antwort, die meist automatisch kommt, falsch. Denn würde der Ball 10 Cent kosten, läge der Schläger bei 1,10 Euro und die Summe von Schläger und Ball bei 1 Euro und 20 Cent. Die korrekte Antwort ist daher: 5 Cent. Sie können es gerne nachrechnen!

Sollten Sie dieses Beispiel noch nicht gekannt haben, ist Ihnen sicherlich aufgefallen, dass ein aufwändigerer Prozess nötig war, um die korrekte Antwort zu erschließen – verglichen z. B. mit der Antwort auf die Frage: Was ist das Produkt aus 2 x 2? Problematisch bei diesen unbewussten Fehlern ist zudem, dass wir beim Begehen auch kein Gefühl dafür haben, dass wir falsch liegen könnten. Daher zweifeln wir die Entscheidung auch eher selten an. Allerdings lässt sich die Motivation von Menschen, die eigene Entscheidung noch einmal zu überdenken, erhöhen. Oft reicht es schon, wenn eine Person selbst erlebt, dass auch ihr solche Fehler passieren können. Manchmal reicht auch der Warnhinweis „nicht in die Falle gehen". Allerdings finden sich in unserem Alltag selten derlei Hinweise und wenn, dann wird ihnen oftmals wenig Beachtung geschenkt.

Das Bewusstmachen psychologischer Prozesse ist bisweilen die einzige effektive Möglichkeit, um unsere kognitiven Prozesse zu beeinflussen. Allerdings ist der Zugang zu uns selbst häufig verzerrt. Oft überschätzen wir unsere Fähigkeiten und Attribute. Vor allem, wenn wir uns mit dem Durchschnitt vergleichen. Dann nehmen wir uns aus Gründen des Selbstwertschutzes als bessere Menschen wahr, als wir vielleicht sind. Beispielsweise können Menschen an einem Bettler vorbeilaufen und zugleich den Eindruck haben, dass sie selbst ein sehr prosozialer Mensch sind. Aber bisher haben wir nichts Besseres als *Aufklärung* über psychologische Prozesse, also *Psychoedukation*! Zwar können wir das biologisch-kognitive System mittlerweile recht gut an digitale Systeme koppeln, das heißt wir können Signale im Gehirn gut messen und zur Steuerung digitaler Prozesse verwenden. Allerdings können wir von extern Prozesse im Gehirn noch nicht langfristig verändern. (Ob dies aus ethischer Sicht aber tatsächlich erstrebenswert wäre, ist natürlich fraglich.) Daher liegt der einzige Weg zur Veränderung bislang im Bewusstmachen möglichst vieler tief in uns „schlummernder" psychologischer Prozesse, wie zum Beispiel Denkprozesse (Kognition), Gefühle (Emotion), Einstellungen und Verhaltensintentionen. In anderen Worten: Wir müssen das bewusste Denken über mögliche Prozesse, Fehler und Fallstricke im automatischen Denken informieren – zum Beispiel durch Lernen, Lesen, oder Reflektieren. Dies tun wir im vorliegenden Buch zu dem uralten menschlichen Problem, dass wir anscheinend Wohlstand und Frieden nicht lange aushalten/ aufrechterhalten können. Immer wieder, so scheint es, überwiegt das Streben auszubrechen und Konflikt, Aggression und Zerstörung anzuzetteln: Sei es alleine oder in Gruppen oder gleich in ganzen Nationen. Doch ist dem wirklich so und wenn ja, warum? Diesen Fragen wollen wir aus verschiedenen psychologischen Perspektiven nachgehen.

Evidenz 1:
Gute Zeiten erhöhen den menschlichen Selbstwert und somit die Aggressionsbereitschaft

Menschen empfinden ihr Wissen über sich selbst, also über die eigene Person, als so etwas wie einen inneren psychischen Kern. Man spricht hier auch vom Selbstkonzept, das ein jeder von sich hat (Frey & Gaska, 1993). Dieses Selbstkonzept ist bei den meisten psychisch gesunden Menschen so angelegt, dass sie ihre eigenen Fähigkeiten und Fertigkeiten sowie ihren eigenen Wert als Mensch systematisch überschätzen (Taylor & Brown, 1988). Wir haben das Gefühl, dass wir überdurchschnittlich attraktiv, sympathisch und begabt sind (Williams & Gilovich, 2012). Im Bereich des Autofahrens zeigt das beispielsweise eine Studie von Svenson (1981). Hierbei wurden 161 Studierende in Schweden und den USA hinsichtlich ihrer Fahrfertigkeiten befragt. Das Ergebnis war: 93 Prozent der US-amerikanischen und 69 Prozent der schwedischen Gruppe schätzten ihre Fahrfertigkeiten als überdurchschnittlich ein. Studienergebnisse wie dieses finden sich in der psychologischen Forschung zahlreich. Neben dem Überschätzen der eigenen Fähigkeiten haben wir außerdem oft das Gefühl, dass unsere Entscheidungen und Handlungen wichtiger sind als die der anderen Menschen (Taylor & Brown, 1988; Fischer, Greitemeyer, & Frey, 2007); darüber hinaus glauben die meisten von uns, dass sie selbst die Welt um sich herum realistischer sehen, als es die Mitmenschen tun (auch bekannt unter dem Begriff *bias blind spot* [auf Deutsch etwa *Verzerrungsblindheit*]; Kahneman, 2010). In anderen Worten: Menschen „leiden" sozusagen „konstruktionsbedingt" unter Selbstüberschätzung. Dies ist jedoch – sofern in adäquatem Rahmen – auch gut für das Individuum. Schon allein deshalb, weil es sich gut anfühlt, zumindest in der eigenen Wahrnehmung zu den Besten zu gehören oder aber wenigstens über dem Durchschnitt zu liegen. Lange Zeit jedoch wurde von verschiedenen Theoretikern angenommen, dass eine realistische Wahrnehmung der eigenen Person und der Welt entscheidend für eine gesunde psychische Konstitution und Entwicklung ist (Jahoda, 1958): „Die Wahrnehmung der Realität wird als geistig gesund bezeichnet, wenn das, was der Einzelne sieht, dem entspricht, was tatsächlich da ist" (Jahoda, 1958, S. 6). Eine gesunde Wahrnehmung sei der Prozess, die Welt ohne Verzerrung so zu betrachten, wie sie ist, auch wenn man sie sich anders wünscht (1953, S. 349, nach Taylor & Brown, 1988, S. 194). Seit den 1980er-Jahren jedoch häufen sich Studien, die eben diese These widerlegen. Gerade eine etwas überhöhte, positive Selbstwahrnehmung, ein erhöhtes Maß an empfundener Kontrolle und unrealistischer Optimismus sind charakteristisch für das „normale" menschliche Denken (Tayler & Brown, 1988). Wenn wir dieses Gefühl der Selbsterhöhung nicht erzeugen könnten, dann würden wir sehr wahrscheinlich über kurz oder lang depressiv werden und keinen oder nur wenig Fortschritt erzielen. Studien zeigen, dass Menschen, die an einer klinischen Depression leiden, diese positiven Illusionen der eigenen Selbstübersteigerung nicht mehr erzeugen können (Tabachnik, Crocker, & Alloy, 1983; Alicke & Govorun, 2005). Es ist daher wichtig festzuhalten, dass Verzerrungen auch Gutes haben. Wenn wir jedoch an kollektives Verhalten von Menschen denken, zum Beispiel kommerzielle und nicht kommerzielle Organisationen, Regierungen, oder das Verhalten von ganzen Nationen und Kulturen, dann ist dieses Gefühl der Selbsterhöhung häufig schädlich. Meist ist uns die Gruppe, der wir angehören, wichtiger und erscheint uns besser als andere Gruppen (ingroup-outgroup-Effekt; Haslam, 2004); wir haben dann das Gefühl, dass man andere Gruppen leiden lassen kann – und das vor allem, wenn es dazu dient, die eigene Gruppe zu verschonen.

Was hat das mit unserer Annahme zu tun, dass Menschen immer wieder Leid und Zerstörung suchen oder zumindest tolerieren? Es ist zu erwarten, dass der

Selbstwert von Menschen steigt, wenn diese in ökonomisch-politisch guten und friedlichen Zeiten leben. Wir sehen in den letzten 20 Jahren eine starke Tendenz zur Individualisierung. Wir werden uns selbst immer wichtiger; wir versuchen immer gesünder und länger zu leben, weil ja gerade wir selbst es sind, die so wichtig sind – wichtiger als alle anderen. In Zeiten des Wohlstandes steigt auch der individuelle Selbstwert (Schmitt & Allik, 2005). Gerade dieser gesteigerte Selbstwert durch beispielsweise Wohlstand kann Menschen und ganze Gesellschaften anfällig für aggressive Reaktionen und Konflikte machen. Früher dachten die psychologischen Forscher, dass uns ein gefühlt hoher Selbstwert vor Aggression und Wut schützt. Es wurde gemeinhin angenommen, dass ein geringes Selbstwertgefühl als eine relevante Ursache für Gewalt angesehen werden kann (Baumeister, Smart, & Boden, 1996). Heute wissen wir, dass häufig genau das Gegenteil der Fall ist: Ein zu hoher Selbstwert und somit starke Selbstüberschätzung können dazu führen, dass wir Konflikte mit anderen Menschen als ganz besondere Frechheit empfinden. Beispielsweise zeigen Narzissmus-Studien, dass ein überhöhter Selbstwert positiv mit Aggression korreliert (Locke, 2009). Das heißt, Personen mit höheren Narzissmus-Werten weisen auch höhere Werte hinsichtlich ihrer Aggressionsbereitschaft auf. Allerdings scheint auch die Stabilität des Selbstwertgefühls hierbei eine entscheidende Rolle zu spielen. Kernis, Grannemann und Barclay konnten bereits 1989 zeigen, dass Menschen mit einem hohen, aber instabilen Selbstwertgefühl feindseliger sind als Menschen mit einem niedrigen Selbstwertgefühl, ganz gleich ob stabil oder instabil. Ein aufgeblasener und instabiler Glaube an die eigene Überlegenheit ist eine der wichtigsten Ursachen für Gewalt (Baumeister et al., 1996). Es lässt sich demnach festhalten, dass nicht nur die Höhe, sondern auch die Beständigkeit des Selbstwertgefühls von Bedeutung ist. Es finden sich eine Reihe von Studien, die den Schluss nahelegen, dass das Selbstwertgefühl mit ökonomischem Wohlstand steigt (Piff, 2014). Paul Piff bezieht sich beispielsweise in seiner Untersuchung auf eine Verschiebung der Werte in der US-amerikanischen Gesellschaft. Zahlreiche empirische Belege offenbaren die Entwicklung der Gesellschaft: weg von kommunalen, kollektiven Werten, hin zu Eigeninteresse und Egoismus (Twenge, 2006; Twenge & Foster, 2008; Foster, Campbell, & Twenge, 2003). Weitere Forschungsergebnisse zeigen, dass mit dem höheren sozioökonomischen Status auch höhere Narzissmus-Werte einhergehen.

Doch warum reagieren Menschen mit hohem Selbstwert emotionaler? Eine Erklärung hierfür mag in der potenziellen Fallhöhe liegen. Diese ist bei Menschen mit hohem Selbstwert viel größer als bei Menschen mit niedrigem Selbstwert. Menschen mit hohem Selbstwert nehmen einen argumentativen Angriff viel eher als Frechheit und Beleidigung wahr als solche mit niedrigem Selbstwert. Der psychologische Kontrast ist viel größer bei hohem als bei niedrigem Selbstwert. Dies gilt sogar für Autoaggression: Roy Baumeister – einer der einflussreichsten Psychologen unserer Zeit – konnte zeigen, dass Suizid viel häufiger bei Personen mit hohem als mit niedrigem Selbstwert vorkommt (Baumeister, 1990). Ganz einfach, weil die eigenen Ansprüche an sich selbst und damit die Fallhöhe bei hohem Selbstwert größer sind. Wenn ein/e Topmanager/in seinen/ihren Job verliert, dann stürzt er/sie in der eigenen Wahrnehmung aus viel größerer Höhe ab, als beispielsweise ein Angestellter/eine Angestellte in nicht leitender Funktion. Der Kontrast von vorher zu nachher ist hier viel größer in der Wahrnehmung des Managers mit hohem Selbstwert und löst einen wesentlich stärkeren negativen Affekt aus wie etwa Depression, Aggression, Wut, oder Ärger. Das zeigen auch Untersuchungen zu emotionalen Reaktionen auf positive und negative Informationen über die eigene Person. Rhodewalt und Morf (1998) konnten zeigen, dass die Reaktionen von narzisstischen Personen extremer waren als die der Personen mit einer geringeren narzisstischen Ausprägung. Zudem schrieben narzisstischere Personen Erfolge mehr ihren eigenen Fähigkeiten zu. Dies hatte jedoch zur Folge, dass Misserfolge zu extremeren Wutreaktionen führten und mit einem als massiver erlebten Angriff auf das Selbstwertgefühl einhergingen.

Wie immens und destruktiv der Einfluss von Narzissten sein kann, zeigt Mark Stein in seinem 2013 publizierten Artikel zu narzisstischer Führung am Beispiel von Richard „Dick" Fuld, längster und letzter Bankchef der US-Bank Lehman Brothers. Da Narzissten von einem starken Bedürfnis nach Prestige und Macht getrieben sind, finden sich viele in verantwortungsreichen Führungspositionen. Ein weiterer Grund dafür wird darin vermutet, dass einige Eigenschaften von Narzissten für die Organisation, für die sie tätig sind, überaus hilfreich sein können. Andere ihrer Eigenschaften jedoch sind äußerst destruktiv, wie Stein am Lehman-Brothers-Beispiel zeigt. Dick Fuld spielte eine zentrale Rolle in der Geschichte des Bankhauses. Während seine Persönlichkeit in den Jahren zwischen 1993 und 2005 konstruktiv für Lehman war, wendete sich das Blatt ab 2005 und endete 2008 schließlich in der Katastrophe. Dick Fuld begann 1969 als Anleihenhändler bei Lehman. Im Jahr 1994 stieg er zum Vorstandsvorsitzenden der Investmentbank auf. In dieser Zeit befand sich die Bank, die sich gerade von American Express gelöst hatte, in einer internen Krise. Der Finanzprofessor Roy C. Smith von der Stern School of Business der New York University soll hierzu gesagt haben: Lehman Brothers sei wie „eine Katze mit 19 Leben und sie hat wohl ihr 17. erreicht" (NY Times, 1996). Im Zeitraum von 1993 bis 2005 trug Fuld maßgeblich dazu bei, eine Kultur zu schaffen, in der er umgeben war von Bewunderern und oft kriecherischen Kollegen (Stein, 2015). Joseph Tibman, ein Lehman-Insider berichtet, „er hatte immer das letzte

Wort", und das Gefühl der Allmacht, das er ausstrahlte, wurde stets von einer sehr aggressiven, kämpferischen und kompromisslosen Art begleitet. Laut Stein waren die Mitarbeiter unter anderem deshalb bereit, Fulds autokratischen Führungsstil zu akzeptieren, da es ihm gelungen war, die Kämpfe innerhalb des Unternehmens in den Griff zu bekommen. Dafür waren sie ihm dankbar. Überheblichkeit, Allmacht und Allwissenheit waren in den Jahren von 1993 bis 2005 eindeutig Bestandteil von Fulds Führungsstil. Zu dieser Zeit gibt es wenige Belege dafür, dass diese Eigenschaften Lehmans Position in bedeutender Weise geschadet hätte. Im Gegenteil, berichtet Stein weiter, es scheint, dass er ab 1993 maßgeblich beteiligt war, Lehman aus den Schwierigkeiten zu holen. Sein konstruktiver, narzisstischer Stil half ihm dabei, die Firma zu einen (Stein, 2013). Lehman ging es zu dieser Zeit sehr gut, und viele Mitarbeiter profitierten enorm von diesem Erfolg. Bezeichnend ist jedoch, dass die Warnzeichen der ab 2005 aufziehenden Subprime-/Kreditkrise von Fuld konsequent ausgeblendet wurden. Anstatt auf Warnungen zu hören, reagierte Fuld auf Meinungen, die seiner widersprachen, mit Verachtung oder Kündigung. So trat 2007 die Geschäftsführerin Christine Daley zurück, und ihr Kollege Alex Kirk folgte ein Jahr später. Die Kündigung der Risikomanagerin Madelyn Antoncic wurde weltweit bekannt: Fuld entließ sie, nachdem sie ihm regelmäßig ihre Sorgen um den Markt und um das zu hohe Risiko der Bank kundtat

(McDonald & Robinson, 2009). Spätestens ab hier werden die destruktiven Eigenschaften der narzisstischen Führung für die Organisation sowie die Gefahr, die von einer von ihr gestalteten Kultur ausgeht, offensichtlich. Der Held, der das Unternehmen aus der Krise und zum Erfolg geführt hatte, weigerte sich, die neue Krise zu sehen und den Gedanken an einen möglichen Verkauf von Lehman zu akzeptieren. Im Gegenteil, Fuld sagte 2007: „So lange ich lebe, wird diese Firma nicht verkauft … und sollte sie nach meinem Tod verkauft werden, komme ich zurück aus dem Grab und werde das verhindern" (Sorkin, 2009, S. 194). Rückblickend betrachtet hätte es zahlreiche Möglichkeiten für Fuld gegeben, mit der Krise umzugehen (Story & White, 2008).

Welche Erkenntnisse lassen sich aus diesem Beispiel ableiten? Führungspersonen, welche meist über eine gewisse Anfälligkeit für Narzissmus verfügen, laufen Gefahr, die Realität verzerrt wahrzunehmen und den Fokus zu sehr auf ihre Machtposition und deren Erhalt zu richten. So lange die Gefolgschaft, seien es Mitarbeiter oder Parteianhänger, davon profitiert, werden negative Attribute verharmlost oder für einen höheren Zweck gerechtfertigt. In einer solchen Kultur, die keine kritischen Stimmen zulässt, sind eine pathologische Entwicklung und daraus erwachsende, negative Konsequenzen nahezu unvermeidlich. Es fehlt ein gesundes, natürliches regulierendes Element.

In diesem Beispiel lassen sich noch eine Reihe weiterer

zentraler psychologischer Phänomene identifizieren, die ebenfalls die Hypothese eines Effekts des Wohlstandsübermutes stützen. Das Muster und die Art der Effekte lassen sich ferner in zahlreichen anderen autokratischen Systemen wiederfinden:

- Man will lieber das wahrnehmen, was dem eigenen Denken nicht entgegenläuft, denn es ist angenehmer.
- Man will sich auch nicht geirrt haben.
- Annahme: Es wird schon nicht schlecht ausgehen.
- Es ist schön, einen Helden zu haben, den man bewundern kann.
- Die eigene Gruppe und die Zugehörigkeit dazu fühlt sich wertvoller an mit einer charismatischen Führungsperson.
- Diese Führungsperson jedoch findet mehr Rechtfertigung für ihre Machtposition durch die Kommunikation vermeintlicher Außenfeinde.

Es ist davon auszugehen, dass sich dies auch auf die Angriffs- und Konfliktfreudigkeit eines ganzen menschlichen Kollektivs übertragen lässt. In ökonomisch und politisch sich gut entwickelnden bzw. friedlichen Zeiten steigt der Selbstwert der entsprechenden Kollektivmitglieder (Piff, 2014). Sie sind stolz darauf, was ihr Land erreicht hat; sie werden konservativ, da sie viel zu verlieren haben. Andere Weltsichten, Religionen, Lebensformen, etc. werden dann verstärkt als Frechheit und Angriff auf das eigene Weltbild, die eigene Lebensweise angesehen (siehe *Kontrasteffekt*; Kahneman, 2010). Je stärker diese Diskrepanz wahrgenommen wird, desto wahrscheinlicher ist es, dass Konflikte mit anderen Kulturen entstehen. Das außenpolitische Verhalten der USA in den letzten Jahrzehnten lässt sich gut mit dieser Theorie erklären. Zahlreiche Kriege sind erwachsen aus dem Grundverständnis, dass die eigene Kultur anderen Kulturen überlegen ist. Das aktuelle Säbelrasseln mit dem Iran und Nordkorea ist nur ein weiteres Beispiel, dass das Gefühl der eigenen moralischen und kulturellen Überlegenheit internationale Konflikte und Aggression fördern statt dämpfen kann. Dies ist die eine Sichtweise. Die andere ist, dass sich Menschen durch diese Staaten tatsächlich bedroht fühlen. Das ist nachvollziehbar; aber auch das Gefühl der Bedrohung kann bei einem hohen kollektiven Selbstwert stärker sein als bei einem niedrigen kollektiven Selbstwert.

FAZIT: Wirtschaftlich und gesellschaftlich prosperierende Zeiten erhöhen kontinuierlich den individuellen und kollektiven Selbstwert von Personen. Psychologische Studien zeigen, dass gerade ein hoher Selbstwert stärker mit extremen emotionalen Reaktionen wie Aggression verbunden ist als ein niedriger Selbstwert. Personen mit einem hohen Selbstwert fühlen sich überzeugter von der Richtigkeit ihrer eigenen Weltsicht und nehmen deshalb andere Weltsichten als besonders starken Affront wahr. Ein Konflikt ist in solchen Situationen mit erhöhter Wahrscheinlichkeit vorprogrammiert.

Evidenz 2:
Menschen suchen im Risiko einen emotionalen Kick

„Wenn es dem Esel zu wohl wird, geht er aufs Eis tanzen"

(Sprichwort)

Menschen erleben einen emotionalen Kick, wenn sie erfolgreich riskante Situationen meistern (Zillmann, 1988). Risikoverhalten ist evolutionär in uns angelegt. Es werden verschiedene riskante Handlungsoptionen ausprobiert, um zu lernen, welches der richtige Weg ist. Darüber hinaus gibt erfolgreich überstandenes Risikoverhalten den Menschen einen Neurotransmitter-Kick: So wird zum Beispiel Dopamin ausgeschüttet, genauso wie Adrenalin und Noradrenalin. Jeder Bungee- oder Fallschirmspringer weiß, von welchem Gefühl hier gesprochen wird. Denken Sie an einen Sprung vom 5- oder 10-Meter-Brett im Schwimmbad oder eine andere Situation, in der Sie ein Wagnis eingingen und die Sache gut ausging. So ziemlich jeder Mensch kennt dieses „Kickgefühl". Die Natur hat uns durch die Evolution so angelegt, dass erfolgreiches riskantes Verhalten emotional belohnt wird.

Viele von uns leben allerdings in Gesellschaften/sozialen Kontexten, in denen versucht wird, jegliches Risiko auszuschalten (siehe *Nullrisiko-Verzerrung*; vgl. Kahneman, 2010, Schneider, Streicher, Lermer, Sachs, & Frey, 2017). Dafür sind wir nicht selten bereit, irrational viel zu investieren. Besonders in Situationen mit hoher Unsicherheit streben Menschen danach, Risiken zu eliminieren. Dabei kann es dazu kommen, dass sogar schlechtere Entscheidungen bevorzugt werden, wenn diese ein Risiko vollständig reduzieren (*Nullrisiko-Verzerrung*). Ein Beispiel (Eller, Streicher & Lermer, 2012): Angenommen, Sie haben ein Unternehmen, und dieses wird durch zwei Insolvenzrisiken bedroht:

Risiko A:
15 Prozent Wahrscheinlichkeit für Insolvenz
Risiko B:
5 Prozent Wahrscheinlichkeit für Insolvenz

Aufgrund mangelnder Ressourcen können Sie sich nur für eine Intervention entscheiden:

Intervention A:
Reduzierung des Risikos A auf 5 Prozent
Intervention B:
Reduzierung des Risikos B auf 0 Prozent

Eine Reihe von Studien hat gezeigt, dass zahlreiche Menschen dazu tendieren, das Nullrisiko zu präferieren (Intervention B), denn damit ist zumindest eines von zwei Risiken sicher eliminiert (Schneider et al.,

2017). Dabei wird aber übersehen, dass diese Entscheidung nachteilig ist. Denn Intervention A reduziert das Risiko um 10 Prozentpunkte, während es bei Intervention B nur 5 Prozentpunkte sind.

Wie lässt sich dieses Beispiel nun auf unseren Alltag übertragen? Ein klassisches Beispiel, so könnte man meinen, wäre der *Vollkasko-Deutsche*. Allerdings, so zeigen aktuelle Studien, scheint es sich hierbei mehr um ein Vorurteil zu handeln, dass Deutsche sich gerne überversichern. Tatsächlich gibt der Durchschnittsbürger der Bundesrepublik mehr für Versicherungen aus als der europäische Durchschnitt, allerdings heute wohl immer öfter für weniger wesentliche Inhalte, wie etwa für das Smartphone anstelle der Haftpflichtversicherung (Dämon, 2014). Eine Überversicherung aber ist ein gutes Beispiel für die Folgen der Nullrisiko-Verzerrung. Allerdings zeigt dies zwei wesentliche Aspekte. Erstens: Unsere Entscheidungen für/gegen Versicherungen sind nicht immer rational, sprich sinnvoll. Zweitens: Es besteht ein grundsätzliches Bedürfnis, den stetig wachsenden Bereich der Unsicherheit zu reduzieren. Wir suchen nach dem Gefühl von Kontrolle und Sicherheit (siehe Taylor & Brown, 1988).

Diese starke gesellschaftliche und menschliche Bestrebung, das Gefühl von Sicherheit herzustellen, führt aus unserer Sicht aber auch dazu, dass der Gegenspieler – das gefühlte Risiko – immer wieder auf schwer vorhersehbare Art und Weise durchbricht. Im Sinne eines tief verankerten menschlichen Grundbedürfnisses muss neben gefühlter Sicherheit eben auch immer wieder das Bedürfnis nach gefühltem Risiko und impliziertem Fortschritt befriedigt werden. Ohne das Gefühl, ein Risiko eingegangen zu sein, haben wir häufig auch das Gefühl, nicht wirklich etwas erreicht zu haben. No risk – no fun! No risk – no gain! So würde es der Investmentbanker und Aktienspekulant sicherlich beschreiben.

In der psychologischen Forschung finden sich verschiedene Theorien, die für diese Annahme sprechen. Hierzu zählt die Theorie der Risikohomöostase, oder auch Risikokompensationstheorie von Wilde (1988). Dieser liegt die Annahme zugrunde, dass jeder Mensch ein subjektives Risikolevel hat, das er bereit ist, einzugehen. Studien konnten zeigen, dass, sobald es zu einem Sicherheitszugewinn kommt – wie etwa durch neue Protektoren beim Skifahren – Menschen dazu tendieren, den Zugewinn zu kompensieren, zum Beispiel durch einen riskanteren Fahrstil (Wilde, 1988; Lermer, Raue & Frey, 2016). Dabei wird unterstellt, dass je sicherer sich die jeweilige Person fühlt, desto riskanter auch ihr Verhalten sein wird: Belege hierzu finden sich in einigen Studien, wie auch in der unter dem Namen *Münchener Taxi-Studie* bekannt gewordenen Untersuchung. Hier konnte gezeigt werden, dass nach der Einführung des ABS-Systems in einigen Münchener Taxis der Fahrstil derjenigen Fahrer aggressiver wurde, die um die Umrüstung wussten (Biehl, Aschenbrenner & Wurm, 1987; Frey et al., 2016).

Die Annahmen der Risikohomöostase-Theorie lassen sich sehr gut auf aktuelle Entwicklungen beziehen. Denn dieses Modell des Risikoausgleichs bietet einleuchtende Erklärungen für den Effekt des Wohlstandsübermutes; mit anderen Worten: „Wenn ich mich sicher fühle, kann ich auch mehr Risiko eingehen" – oder – „Wenn es dem Esel zu wohl wird, geht er aufs Eis tanzen". Ferner legen Forschungsergebnisse nahe, dass es zu diesem Effekt auch kommen kann, wenn andere die Sicherheit erhöhen. Zum Beispiel zeigten sich interessante Ergebnisse hinsichtlich des Überholens von Fahrradfahrern: In einer Studie konnte etwa belegt werden, dass Fahrradfahrer, die einen Helm tragen, von Autofahrern mit geringerem Abstand überholt werden als Fahrradfahrer ohne Helm (Walker, 2007). Dieser Effekt scheint also auch andere betreffend aufzutreten, sprich: „Wenn andere für mehr Sicherheit sorgen, bleibt mehr Spielraum für mich."

Das Modell der Risikohomöostase lässt sich auch auf die gesamtgesellschaftliche Makroebene anwenden. Einen Konflikt mit anderen Nationen und Kulturen einzugehen, bedeutet eben auch das Risiko, dass dabei etwas schief gehen kann. Wenn man aber dann doch zum Ziel kommt und zum Beispiel die Strafzölle durchgedrückt hat oder die Provokation anderer Nationen nicht zum *worst case*, sondern zum Einlenken geführt hat, ist man stolz darauf, mit dem Risiko gut umgegangen zu sein. Die amerikanische Außenpolitik der Trump-Administration ist zum Zeitpunkt dieser

Bucherscheinung ein sehr gutes Beispiel für diesen angenommenen psychologischen Prozess.
Auf europäischer Ebene ist der Brexit wahrscheinlich das beste Beispiel für ein derartiges hochriskantes gesellschaftliches Großexperiment. Nahezu alle Ökonomen und Gesellschaftswissenschaftler sind davon überzeugt, dass eine positive ökonomische Entwicklung in einer globalisiert-digitalisierten Welt nicht durch Abschottung, sondern Öffnung des eigenen Kollektivs zu erreichen ist. Nichtsdestotrotz hatten mehr als 50 Prozent der wählenden Briten das Gefühl, dass ihnen dieses Experiment eine positive gesellschaftliche und ökonomische Entwicklung bringen wird – auch wenn es jeglichen wissenschaftlichen Erkenntnissen sowie den exponentiellen Gesetzen einer globalisiert-digitalisierten Welt klar widerspricht. Menschen haben bei solchen Experimenten ein intuitives Gefühl, dass ihnen dies eine aufregende Zeit bringen wird. Die meisten hoffen, dass der Nervenkitzel den Einsatz und das Risiko wert sein wird – nicht mehr und nicht weniger dürfte risikopsychologisch am Brexit und den aktuellen Verhandlungen dazu dran sein.

FAZIT: Unsere Entscheidungen sind nicht immer rational logisch. Ferner gewichten wir den Nutzen situativ unterschiedlich. Mal ist das Ergebnis für uns zentral, mal ist es einfach die Lust am Spiel mit dem Feuer – je nachdem, wie sicher wir uns fühlen. Die Theorie der Risikohomöostase bietet ein passendes, psychologisches Modell zur Beschreibung eben dieser Verhaltensweise. Dass wir regelmäßig unser Risikolevel anpassen, zeigt bereits das Fahrverhalten eines jeden Autofahrers, wenn sich das Wetter ändert: Bei Schnee oder starkem Regen verlangsamen wir die Geschwindigkeit. Verschwindet das Unwetter, steigt auch die Geschwindigkeit wieder.

Evidenz 3: Neurokognitive Gewöhnungsprozesse dämpfen die Wahrnehmung von Risiko, Leid und Zerstörung

Sehen wir etwas Neues, fällt uns das besonders auf. Beispielsweise zieht die neue klaffende Lücke zwischen den Häusern aufgrund der Baustelle auf Ihrem Heimweg Ihre Blicke wahrscheinlich geradezu an. Mit der Zeit aber gewöhnt man sich an diesen Anblick: Die Lücke ist nichts Neues mehr und wird dementsprechend immer weniger beachtet. Ähnlich verhält es sich auch mit anderen Reizwahrnehmungen. Selbst bei taktilen Reizen kann es bereits nach wenigen Wiederholungen zu einer gelernten Verhaltensunterdrückung kommen. Als klassisches Beispiel wird hierfür nicht selten die Untersuchung des Neurowissenschaftlers und Nobelpreisträgers Eric Kandel vorgestellt: Kandel zeigte, dass nach wiederholter Berührung der Atemröhre einer Meeresnacktschnecke der Kiemenrückzugsreflex immer schwächer wird und bereits nach 10-15 Wiederholungen ganz ausbleibt. Diesen Prozess zeigen auch

Studien zur Aktivität menschlicher Neurone bei neuen vs. vertrauten Reizen. Die Informationsweiterleitung zwischen den Neuronen (Sinneszelle an Motorzelle) ist nicht mehr so stark, wenn wir Menschen uns an etwas gewöhnt haben (man spricht auch von *synaptischer Depression*: Es gelangen weniger Transmitter von der Präsynapse der Sinneszelle an die Rezeptoren der postsynaptischen Membran der motorischen Nervenzelle, die für die Bewegung zuständig ist). Das gilt auch für Dinge, die für uns einen gewissen Wert haben. Jeder Mensch hat diese Erfahrung bereits gemacht. Ein Beispiel, das viele betreffen mag, ist der Prozess nach dem Kauf eines neuen Autos. Am Anfang sind wir noch stolz auf unser neues Auto. Es riecht so gut, es sieht so toll aus. Lauter neue technische Finessen, die wir jeden Tag aufs Neue ausprobieren können. Aber wie verhält es sich nach ein paar Monaten? Schleichend hat man sich an das neue Design und den schönen, wohlriechenden neuen Innenraum gewöhnt. Dann ist es uns auch mehr und mehr egal, ob sich unsere Fahrgäste vor dem Einsteigen die Schuhe abputzen. In die Waschanlage fahren wir auch immer seltener. Wir haben uns an den neuen Stimulus (neues Auto) nach einer gewissen Zeit gewöhnt. Unsere Nervenzellen (Neuronen) feuern einfach nicht mehr so stark, wenn man an das (mittlerweile nicht mehr) neue Auto denkt, es sieht oder darin fährt.

Könnte ein ähnlicher neurokognitiver Gewöhnungsprozess auch beim Unbehagen im Frieden beteiligt sein? Das würde bedeuten, dass wir uns so sehr an Frieden und die Freiheit von Leid und Schmerz gewöhnt haben, dass sie uns deshalb nicht mehr auffallen. Wir sind dieser Ansicht und finden Belege dafür in verschiedenen sozialwissenschaftlichen und gruppenpsychologischen Forschungen.

Das, wofür über die Jahrhunderte Abermillionen Menschen gestorben sind, in unzähligen Kriegen und anderen Katastrophen – Frieden, Freiheit, Wohlstand, Humanismus – wissen wir nach einiger Zeit nicht mehr zu schätzen. Dass dies im Laufe der Geschichte jedoch auch zeitweise vollkommen anders war, zeigt eindrücklich der Geist der 20er-Jahre des letzten Jahrhunderts, die Zeit der *Goldenen Zwanziger*. Heute jedoch scheinen wir uns einfach daran gewöhnt zu haben, dass nichts passiert und dass die meisten unserer Grundbedürfnisse befriedigt sind. Und genau das ist das Problem: dass nichts passiert.

Wieso aber könnte die Gewöhnung an Frieden und Wohlstand zu einer höheren Risikobereitschaft führen? Eine Erklärung hierfür findet sich in der *Theorie der gelernten Sorglosigkeit* von Frey und Schulz-Hardt (1997). Sie erklärt riskantes Verhalten durch Gewöhnungseffekte (Frey et al., 2016). Im Konkreten: Die Theorie beschreibt, wie es zu unangemessenem Verhalten im Sinne steigender Risikobereitschaft kommen kann. Nämlich einfach dadurch, dass wiederholt die Erfahrung gemacht wird, dass befürchtete Konsequenzen riskanten Verhaltens ausbleiben. Im Zentrum dieser Theorie steht die Monopolhypothese: „Alles ist gut und wird auch von selbst gut bleiben". Das Ausbleiben negativer Konsequenzen kann dazu führen, dass sich die Annahme verfestigt, man hätte alles im Griff. „Damit ist also nichts gravierend Negatives zu befürchten." Ein einfaches Beispiel hierzu: Stellen Sie sich vor, Sie fahren jeden Tag mit dem Fahrrad zu Ihrer Arbeit. Die Fahrt fühlt sich sicher an und dann und wann lenken Sie mit nur einer Hand, oder fahren gar ganz freihändig – was vielleicht auch bequemer ist mit der Tasche unter Ihrem Arm. Das scheint wunderbar zu klappen. Nun spricht also auch scheinbar nichts dagegen, eines Tages auch mal ein Eis auf dem Heimweg, freihändig radelnd zu genießen; auch das Handy am Ohr während der freihändigen Fahrt wird vorstellbar. Durch die Gewöhnung wird das Risiko eines Unfalls (weil Sie nicht mehr entsprechend reagieren können) unterschätzt und es kommt zu *gelernter Sorglosigkeit.* In solchen Situationen tendieren wir dazu, unser Verhalten an das verzerrte Sicherheitsgefühl anzupassen statt an das tatsächliche Risiko in der Situation (Lermer, Streicher, & Frey, 2015). Studienergebnisse legen hierzu Folgendes nahe: Je länger die Erfahrung gemacht wird, dass negative Folgen auf „erfolgreich gemeistertes" gefährliches Verhalten ausbleiben, desto mehr steigt die Wahrscheinlichkeit dafür, dass dieses Verhalten auch in der Zukunft gezeigt wird (Otten & van der Pligt, 1992). Die gelernte Sorglosigkeit wird dabei von einem wichtigen Effekt begünstigt: Risiken, denen Menschen regelmäßig begegnen, werden als ungefährlicher eingeschätzt, als jene, denen sie nur gelegentlich ausgesetzt sind (Denscombe, 1993; Frey et al., 2016). Ein Beispiel hierzu findet sich in einer Studie zur Einschätzung des Ansteckungsrisikos mit dem HI-Virus: Hierbei wird die Ansteckungswahrscheinlichkeit mit dem Virus bei einmaligem Geschlechtsverkehr mit einer unbekannten Person größtenteils überschätzt. Bei mehrmaligen sexuellen Kontakten dagegen wird sie eher unterschätzt (Linville et al., 1993).

Der Umgang mit Risiken scheint daher in bedeutender Weise davon abzuhängen, wie Gefahren wahrgenommen werden. Doch die menschliche Wahrnehmung ist relational und findet in Kontrasten statt. Wir sehen etwas, weil es sich von seiner Umwelt unterscheidet. Ebenso nehmen wir vieles auch erst bewusst wahr, wenn es sich vom Selbstverständlichen unterscheidet, sowohl spontan als auch über einen längeren Zeitraum hinweg. Spontan fällt uns zum Beispiel etwas auf, weil es aus dem normalen Hintergrundrauschen heraustritt. Wenn etwa der Fahrer des Wagens neben uns wild hupt und gestikuliert, weil er sich über etwas ärgert (zum Beispiel über einen ihm vermeintlich zu langsam die Straße überquerenden Fußgänger). Etwas, das wir vielleicht nicht einmal mitbekommen haben. Wie auch den Fahrer des Wagens nicht, den wir bis dahin nicht beachtet haben. Erst durch sein Verhalten haben wir auf ihn geachtet – vorher war er für uns quasi gar nicht da. Aber jetzt ist etwas passiert, wir wurden aus unserem Dahinplätschern herausgerissen und haben den Moment wacher erlebt. Die Ruhe vorher war sicherlich angenehmer, aber sie wurde nicht bewusst erlebt. Auch längerfristig bedarf es wohl der Unterscheidung, damit die Qualität eines positiven Zustands geschätzt werden kann. Ein Beispiel hierfür, das wohl ein jeder kennt, ist, wenn ein Schmerz verschwindet. Sie kennen sicherlich die Erleichterung darüber, wenn beispielsweise ein Kopfschmerz nachlässt: „Endlich hat das aufgehört!“ Dieses Gefühl ist bewusst und deutlich intensiver als der gleiche Zustand ohne den vorausgehenden Schmerz. Dass dem so ist, hat natürlich auch seine Vorteile. Schließlich würde unser Gehirn zu viele Ressourcen (Rechenkapazität) verschwenden, würden wir uns jeden Moment über das freuen, was gerade nicht ist, in diesem Fall also: nicht schmerzt. Das ist aus evolutionärer Perspektive nicht sinnvoll. Ein Kontrasterleben jedoch schon. Es kann ein Warnhinweis und Motivator sein, gewisse Umstände zu vermeiden, die zum negativen Zustand geführt haben.

In der klinischen und positiven Psychologie ist dieser Kontrasteffekt ebenfalls durchaus bekannt. Positive Zustände werden intensiver erlebt, wenn sie auf negative folgen. Mit der Zeit aber nimmt die Intensität der Emotion ab. Beispiele hierfür finden sich sowohl für positive wie auch für negative Ereignisse (Lotto vs. Unfall).

FAZIT: Nach mehr als 70 Jahren relativen Friedens und Wohlstands gehen wir immer wieder Risiken ein. Der fast auf der ganzen Welt beobachtbare Rechtsruck ist unserer Meinung nach ein Symptom für die Validität dieser Theorie. Wir gehen wieder Experimente ein, weil wir uns an den jetzigen Zustand von Frieden und Wohlstand gewöhnt haben. Darüber hinaus legt die Theorie der gelernten Sorglosigkeit nahe, dass wir ein überhöhtes Vertrauen in das Ausbleiben negativer Konsequenzen haben. Ferner bekräftigen Studienergebnisse die These, dass wir den Wert des Friedens und Wohlstands nicht mehr so hoch zu schätzen wissen. Das ist für uns eine Erklärung (unter weiteren) für das Phänomen, dass viele Menschen das wählen, was sie aufregend finden und die Konsequenzen nicht angemessen in Betracht ziehen.

Evidenz 4:
Bedürfnis nach Stimulation und die Flucht aus der Langeweile

„Das ganze Unglück der Menschen rührt allein daher, dass sie nicht ruhig in einem Zimmer zu bleiben vermögen."

Blaise Pascal (1623–1662)
Französischer Mathematiker, Physiker und Philosoph

Menschen haben kein natürliches Bedürfnis, anderen ohne Grund zu schaden – oder vielleicht doch? Jedenfalls kommt es häufiger vor, dass wir unseren Mitmenschen Schaden zufügen, als es der Fall sein müsste. Um der Langeweile zu entfliehen, sind wir bestrebt, etwas Angenehmes oder Aufregendes zu erleben. Das ist ein Grund dafür, weshalb Menschen Freude an Streichen haben und auf die verschiedensten Ideen kommen, Unfug zu machen. Dabei kann es passieren, dass das Ergebnis äußerst negativ ist, auch wenn das zuvor in keiner Weise beabsichtigt war. Denken Sie zum Beispiel an eine Gruppe junger Erwachsener, der das Herumsitzen zuhause schlichtweg zu langweilig ist. Die jungen Leute beschließen, mit dem Auto in der Gegend herumzufahren. Dabei ist schnelleres Fahren durchaus aufregender als langsames Dahingondeln. Vielleicht führt auch die Kombination aus Alkoholkonsum und flottem Umherfahren zu noch mehr Spaß. Für die Gruppe zeigt sich in dem Moment kein Grund, ihr Verhalten zu reflektieren – auch wenn die Geschichte ganz schnell anders ausgehen könnte. Es ist einfach angenehmer, sich der Beschwingtheit in der Aktion der Gruppe hinzugeben. Warum hier nun die Spaßbremse sein? Außerdem könnte ja auch einer der anderen Gruppenmitglieder etwas sagen (im Sinne von: „Ich finde, jetzt sollten wir nicht mehr weiterfahren. Ich fühle mich nicht mehr sicher") – denkt sich leicht ein jeder.

Vor allem dann, wenn niemand zu Schaden kommt, wird riskantes Verhalten schnell verharmlost. Dann wird die Aktivität auch nicht als destruktives Verhalten interpretiert: „Es wurde ja nur mal ein wenig über die Stränge geschlagen." Ganz anders verhält es sich, wenn doch jemand zu Schaden kommt, wenn beispielsweise ein Fußgänger während der beflügelten Fahrt angefahren wurde.

Michael Apter (1992) beschreibt riskantes Verhalten als eine lockende Versuchung, um der Langeweile zu entfliehen, und führt dafür ein Beispiel auf: Ein junger Bahnarbeiter hatte eine sehr eintönige Aufgabe in einem dazu noch äußerst entlegenen Teil Englands. Seine einzige Abwechslung bestand darin, hin und wieder Züge passieren zu sehen. Eines Tages begann er, Zementblöcke auf den Gleisen zu stapeln. Wenn dann ein Zug angerauscht kam, erfreute er sich an dem Zusammenprall und dem lauten Schleifgeräusch. Er hatte solches Interesse daran, dass er sein Verfahren nicht nur wiederholte, sondern auch optimierte. Es war sein großes Glück, dass kein Zug entgleiste. Das hätte jedoch sehr leicht passieren können, wäre er nicht festgenommen worden und hätte sein Hobby weiter fortgesetzt. Diese Konsequenzen jedoch hat der Mann sicherlich nicht realistisch abgewogen, obwohl er damit hätte rechnen können. Er hat seine Handlung daher vermutlich auch nicht als schädigend erachtet. Lediglich als ein Mittel, um der Langeweile zu entfliehen (Baumeister & Campbell, 1999).

Auch die Ursprünge des Ku-Klux-Klans – einem der gewalttätigsten rassistischen Geheimbunde – sollen sich in der Flucht aus der Langeweile finden, wie unter anderem Craig Wade (1987) schildert. Die Gruppe wurde 1865 von sechs ehemaligen Offizieren der im Bürgerkrieg (1861–1865) unterlegenen Confederate States Army in Pulaski, Tennessee, gegründet. Zu diesem Zeitpunkt hatte die Gruppe noch keine politische Zielsetzung. Das Ziel bestand darin, der gähnenden Langeweile der Nachkriegszeit zu entfliehen, indem der Öffentlichkeit Streiche gespielt wurden. Hierzu tarnten sich die Mitglieder mit weißen Bettlacken und ritten des nachts, als Gespenster verkleidet, durch die Landschaft, um Menschen zu erschrecken. Bald befand die Gruppe frühere Sklaven als ideale Opfer für ihre Streiche. Denn sie waren überwiegend wenig gebildet und aber- und leichtgläubig genug, um an Geister zu glauben. Schnell erfuhr die Gruppe daraufhin Zustrom aus weiteren Teilen des Landes, da viele die vom Norden eingeführte Gleichstellung und Gleichbehandlung von Weißen und Schwarzen nicht hinnehmen wollten. Es dauerte nicht lange und den Gründungsmitgliedern entglitt die Führung. Bereits 1869 soll der Klan mehr als eine halbe Million und in den 1920er-Jahren bis zu vier Millionen Mitglieder gezählt haben. Schätzungen zufolge soll der Klan für 20.000 Morde verantwortlich sein (Wiederschein, 2016). Beispiele wie diese zeigen, dass ein ursprünglich harmloses Streben nach Spaß durch Ablenkung und Streiche in schrecklichen Entwicklungen enden kann. Auch wenn anfangs kein Schaden beabsichtigt war, können die Folgen dramatisch sein. Es ist daher wichtig, dass wir uns potenzielle Konsequenzen unserer Handlungen vorab bewusst machen.

Beispiele und damit Gefahrenquellen wie diese finden sich zuhauf in Zeiten des Wohlstandes. Das erleben wir zum Beispiel heute in Deutschland besonders. Wenn Sie beispielsweise bei Google News „Langeweile“ als Suchbegriff eingeben, finden Sie, zwischen anderem, zahlreiche Berichte über – so müsste man meinen – unglaubliche Straftaten (darunter: *Steinblöcke auf dunkler Straße; zwei Männer legen nachts schwere Hindernisse auf Bremer Straßen – aus Langeweile*; Ramm, 2018, Spiegel, 17.09.2018).

In diesen Kontext – der Flucht aus der Langeweile – fügt sich passend das von vielen Menschen betriebene

Hobby des Computerspielens. Laut Statista spielen in Deutschland etwa 18 Millionen Menschen PC- oder Konsolenspiele. Das heißt, etwa jede vierte Person in Deutschland verbringt einen Teil ihrer Freizeit damit. Die beliebtesten Genres sind dabei Action- und Abenteuerspiele, während Knobel-, Karten- und Glücksspiele eher weiter unten im Beliebtheitsranking rangieren. Eine Analyse in den USA ergab, dass die meisten Spiele Gewalt enthalten und diese wiederum sehr beliebt sind (Dill et al. 2005). Das bestätigt die Annahme, dass gewalttätiges oder anderes destruktives Verhalten stimulierend wirkt. Es ist damit ein Gegenmittel für Langeweile. Baumeister und Campbel (1992) beschreiben, dass dies bis zum Sadismus reichen kann. In den meisten Fällen aber dient die Gewalt der Unterhaltung. Beispiele dafür finden sich in vielen Kulturen verschiedenster Epochen: Denken Sie nur an die Formel *Brot und Spiele* der Herrscher im antiken Rom. Um sich die Gunst des Volkes zu sichern, galt es sicherzustellen, dass genügend Getreide vorhanden ist und unter anderem mit Gladiatorenkämpfen für Abwechslung zu sorgen.

FAZIT: Der Gedanke, dass Langeweile, oder besser die Handlungen, um der Langeweile zu entrinnen, äußerst schädlich sein können, ist keineswegs neu. Menschen haben ein natürliches Bedürfnis nach Stimulation. Geht es uns gut, haben wir genügend Ressourcen übrig, um

Neues zu versuchen. Wenn jedoch unklar ist, was das Neue sein könnte, wissen wir oft nicht, wohin mit dieser Energie, diesem Drang. Dann ist dieser nicht selten der Impuls für Unfug und leider oft auch für schädliche Ideen. Was können wir nun besser machen? Eine der wesentlichen und dabei einfachsten Strategien besteht darin, die Motivation zu entwickeln, die Folgen von Handlungen zu reflektieren.

Evidenz 5: Menschen fühlen sich besser, wenn sie sich das Leid anderer ansehen (sozialer Abwärtsvergleich)

Den meisten von uns geht es gut; natürlich geht es auch vielen Menschen subjektiv und objektiv nicht gut. Sehr viele Menschen fühlen sich abgehängt in einer immer schneller voranschreitenden globalisierten-digitalisierten Welt. Die Einkommensschere zwischen Arm und Reich geht selbst in Ländern wie Deutschland immer weiter auseinander. Das erzeugt Frust und einen fragilen Selbstwert. Gemäß der *Frustrations-Aggressions-Theorie* ist davon auszugehen, dass jede Frustration in irgendeiner nachfolgenden Form auch Aggression hervorruft (Dollard et al., 1939). Diese Theorie bietet eine Erklärung dafür, warum wir gerade in der internationalen Politik eine rauere, aggressivere Kommunikation erleben und warum viele Menschen demokratische Rechte zugunsten von Einschränkung und Bevormundung durch autokratische und aggressiv-rhetorische Politiker aufgeben. Eine aktuelle Studie der Bertelsmann-Stiftung (Holscher, 2018) konnte beispielsweise zeigen, dass über die letzten Jahre hinweg zunehmend mehr Menschen von autokratischen Politikern regiert werden. Die Zahl liegt heute bei etwa 3,3 Milliarden Menschen (in insg. 129 Ländern) und ist damit der höchste Wert seit 14 Jahren, als die Auswertung begann. Aus einer mehr psychodynamischen Sicht (Freud et al., 1953) könnte dies eine Projektion der eigenen Aggression in einen von mir selbst gewählten aggressiven Politiker sein. Es ist schwerer, die eigene Aggression in sich selbst anzuerkennen als Aggression in anderen Menschen wahrzunehmen bzw. diese mit mehr Macht durch die eigene politische Stimmabgabe auszustatten.

Zu dieser Gemengelage kommt noch hinzu, dass wir Menschen uns gerne nach unten vergleichen, um die eigenen Schmerzen und das eigene Leid ein Stück weit besser ertragen/verarbeiten können, aber auch um sich einfach besser zu fühlen. Dieses Phänomen wird in der *Theorie des abwärts gerichteten Vergleichs* beschrieben (Wills, 1981). Das Grundprinzip lautet hier: Menschen können ihr subjektives Wohlbefinden durch den Vergleich mit Menschen, denen es schlechter geht, erhöhen. Ein aktueller, offensichtlicher Beleg dafür, dass Menschen diesen Vergleich suchen, ist die wachsende Auswahl an Fernsehsendungen, die eben dieses Konzept zum Inhalt haben (zum Beispiel „Armes Deutschland“, „Auf Streife“ oder „Hartz und herzlich“).

In sozialpsychologischen Studien konnte beispielsweise gezeigt werden, dass Menschen mit einer mittelschweren Erkrankung sich am liebsten mit Menschen vergleichen, die eine schwerere Erkrankung haben (vgl. Frey & Gaska, 1993); Personen mit Tumorstadium T1 vergleichen sich mit Menschen mit Tumorstadium T2 oder T3 usw. Dieser Abwärtsvergleich (*downward comparison*) gibt uns das Gefühl, dass wir selbst es ja noch ganz gut haben – es hätte schlimmer kommen können (siehe auch Hagedoorn et al., 2002). Darüber hinaus konnte Gibbons (1986) zeigen, dass sich Patienten mit mittelschwerer Depression besser fühlen nach dem Lesen von Texten über Personen mit schwerer Depression.

Wann aber findet sich eine Lust am Leid anderer? Die Lust am Leid von uns Menschen zeigt sich in einer Extremausprägung beim Gaffer-Effekt (siehe auch Forschungen zum Bystander-Effekt; Latané & Darley, 1968; Latané & Nida, 1981; Fischer et al., 2011). Folgt man den Berichten vieler verschiedener Medien, so gewinnt man den Eindruck, dass es immer mehr Menschen gibt, die zum Beispiel bei einem schweren Unfall einfach daneben stehen, nichts tun, um zu helfen, und zuletzt die Unfallsituation inklusive Opfer mit ihrem Smartphone auch noch filmen. Wenn das Rettungspersonal versucht, diese Personen vom Unfallort zu entfernen, dann wehren sich diese zum Teil mit Händen und Füßen – so als ob man sie aus einem Traum aufwecken würde (zum Beispiel Göttinger Tagblatt „Aggressiver Gaffer nach tödlichem Unfall festgenommen“ vom 26.07.2018). Ein weiteres Beispiel, das irritiert:

„Unfall auf der Autobahn A 3 zwischen Neutraubling und Rosenhof: In Fahrtrichtung Passau ist ein Lastwagen verunglückt. Feuerwehrleute räumen die Unfallstelle. Plötzlich bremst auf der Gegenfahrbahn ein Autofahrer ab. Er bleibt stehen, macht ein Foto – mitten auf der Überholspur.“ (Mittelbayerische Zeitung vom 13.11.2017, Stöcker-Gietl, Ziegler, & Vogt, 2018)

Eine mögliche Erklärung für dieses Verhalten ist, dass die Gaffer sich abwärts sozial vergleichen mit dem Opfer. Dieser soziale Abwärtsvergleich erzeugt positive Gefühle beim Beobachter. Dazu kommen Überforderung und Faszination der Situation: Es passiert etwas außerhalb der Routine. Daher fällt es vielen Menschen schwer, nicht hinzusehen. Hier geht es einer anderen Person deutlich schlechter als mir selbst; eigentlich kann ich ganz zufrieden sein. Sehr wahrscheinlich wird dieses Verhalten allerdings zusätzlich von archaischen Mustern getrieben: Wenn etwas Bedrohliches passiert (auch wenn es Fremde betrifft), zieht dieses Ereignis unsere Aufmerksamkeit natürlich an. Der soziale Vergleich ist uns bereits in die Wiege gelegt. Studien belegen, dass soziale Vergleiche bereits im Kindergartenalter von Bedeutung sind (siehe zum Beispiel Rhodes & Brickman, 2008). Unser Wohlbefinden ist entscheidend davon abhängig, wie gut es vergleichbaren Anderen geht. Der Prozess des Vergleichs ist uns meist nicht bewusst und die meisten Menschen würden auch nicht behaupten, dass sie sich über das Unglück anderer freuen (Wills, 1981). Bietet sich jedoch eine Möglichkeit, die den Selbstwert durch einen vorteilhaften Vergleich erhöht, tendieren Menschen dazu, diese zu ergreifen.

Digitalisierung und Globalisierung erleichtern das Finden von Personen, denen es (noch) schlechter geht als einem selbst. Facebook, Twitter, Instagramm: alles Kanäle, auf denen wir uns in Echtzeit das Leid der Welt ansehen können. Social Media machen es extrem einfach, Personen zu finden, mit denen man sich nach unten vergleichen kann. Bisher ist uns keine seriöse Forschung bekannt, die diese Hypothese (die über den Forschungsbereich der Schadenfreude hinausgeht) empirisch überprüft hätte; ihre Augenscheinvalidität ist allerdings bestechend.

FAZIT: Wir fühlen uns besser, wenn wir uns mit anderen vergleichen, denen es schlechter geht (Wills, 1981). Dieser Prozess ist uns meist nicht bewusst. Dazu kommt, dass die meisten Menschen den Gedanken abstreiten würden, dass sie sich besser fühlen nach einem sozialen Vergleich. Dies mag v.a. daran liegen, dass dies gegen die Werte unserer Kultur verstößt. Die Theorie des abwärts gerichteten Vergleichs bietet eine weitere Erklärungsmöglichkeit dafür, weshalb viele Menschen vom Leid anderer fasziniert sind.

Evidenz 6:
Angst und Faszination des Todes

Sigmund Freud ging davon aus, dass es so etwas wie Kultur nur gibt, weil sich Menschen ihrer eigenen Sterblichkeit bewusst sind (Freud et al., 1953). In anderen Worten: Wir würden keine Städte bauen, keine Wissenschaft betreiben, keine Musikstücke komponieren etc., wenn wir nicht wüssten, dass wir in der mittleren Zukunft mit absoluter Sicherheit nicht mehr existieren werden. Dies macht uns Angst und wir müssen diese Angst irgendwie wieder loswerden bzw. mit ihr umgehen. Eine beliebte Wahl ist dabei die Investition in die eigene Kultur, denn diese wird auch nach dem eigenen physischen Tod noch existieren. Ich mache mich durch Investition in meine Kultur symbolisch unsterblich, zumindest gefühlt. Jeff Greenberg und Kollegen haben diesen Effekt sehr gut in vielen verschiedenen Situationen getestet (siehe auch Jonas & Fischer, 2006). Insgesamt kann man sagen, dass wir, sobald wir an unseren eigenen Tod (zum Beispiel in einem Experiment) erinnert werden, (a) beginnen, unseren wahrgenommenen Selbstwert „hochzufahren" und/oder (b) vermehrt in die eigene Kultur investieren (zum Beispiel mehr Geld spenden für Mitglieder der eigenen Kultur; oder insgesamt auch einen stärkeren Kinderwunsch verspüren, um uns biologisch unsterblich zu machen; Fritsche & Fischer, 2009).

Wie könnte diese Theorie nun dazu beitragen, den scheinbaren Effekt zu erklären, dass Menschen am Ende doch immer wieder das Risiko und den Konflikt suchen? Menschen haben aufgrund von kognitiven Verzerrungen (Kahneman, 2010; Taylor & Brown, 1988) das Gefühl, dass sie im Mittelpunkt des Universums stehen. Wir überschätzen unsere Fähigkeiten systematisch genauso wie unseren Einfluss und unsere Wichtigkeit auf diesem Planeten (siehe Forschung zu *positiven Illusionen*, Taylor & Brown, 1988). Deshalb erscheint es als sehr selbstwertdienliche Strategie, das Gefühl zu haben, unser Leben sei zum jetzigen Zeitpunkt das wichtigste und entscheidendste Leben – aus der Perspektive des egoistischen Gens ist dies auch ein äußerst sinnvoller Gedanke. Häufig zeigt sich auch anekdotisch, dass Menschen, wenn sie älter werden, das Gefühl haben, dass die Welt nach ihrem Tod sowieso immer schlechter werden wird – vielleicht sogar untergehen wird. Was wahrscheinlich wirklich psychologisch dahintersteckt, ist eher der vorweggenommene Abschiedsschmerz: Die Angst davor, dass wir uns in absehbarer Zeit von dieser Welt verabschieden müssen, weil wir nämlich wissen, dass wir sicher sterben werden. Daraus entsteht das Gefühl, die Welt retten zu müssen, etwas hinterlassen zu müssen, was die Welt besser machen wird und uns nicht vergessen lässt. Doch was nur macht die Welt besser? Hier hat jeder so seine eigene subjektive Theorie. Diese Theorie kann humanistisch sein, sie kann aber auch absolut aggressiv, zerstörerisch und zutiefst inhuman sein. Beispiele hierfür finden sich zahlreiche. Wie pervertiert dieser Prozess werden kann, sieht man an Joseph Goebbels, dem Propagandaminister des verbrecherischen und menschenverachtenden Dritten Reichs. Er ist am Ende mit Hitler in den Tod gegangen, weil er sich eine Welt ohne Nationalsozialismus nicht vorstellen konnte. Kollektive und nationalistische Ideologien eignen sich besonders gut, um dem Menschen das Gefühl der Unsterblichkeit zu geben. Nicht wenige Menschen sind bereit, für kollektive Ziele andere Menschen zu töten oder das eigene Leben der kollektiven Ideologie zu opfern.

FAZIT: Das Bewusstsein des eigenen zukünftigen Todes kann Menschen dazu verleiten, in Weltbilder und politische Ideologien zu investieren, von denen ein hohes zerstörerisches Risiko ausgehen kann. Nur radikale politische Kräfte verändern die Welt schnell – und schließlich möchte man ja „die neue Welt“ noch miterleben, bevor man endgültig aus ihr verschwunden ist.

Evidenz 7:
Positive Illusionen des Menschen über sich selbst und seine Gruppenmitgliedschaft

Wenn Sie einhundert Menschen fragen, wer von ihnen attraktiver ist als der Durchschnittsmensch, dann sagen ca. 70-80 Prozent der befragten Personen: „Ich". Das kann allerdings logisch nicht aufgehen. Es können (rein mathematisch) nicht 80 Prozent der Menschen besser/schöner/begabter sein, als der Durchschnittsmensch. Was zeigt uns das? In der Tendenz besitzen Menschen ein Selbstkonzept, dass sich im Zweifel lieber positiv als negativ sehen will (*motivated reasoning, self-serving bias*). Dies ist langfristig vorteilhaft – also auf einer individualpsychologischen Basis. Wenn wir aber kollektiv denken, dann bedeutet dies, dass Gruppen sich wahrscheinlich für alle Zukunft immer wieder über andere Gruppen erheben werden. Dies werden sie wohl unter anderem deshalb tun, um das immer wieder aufkommende Bedürfnis nach individueller und kollektiver Selbsterhöhung zu befriedigen – ein Bedürfnis, das Klaus Grawe zu einem der vier menschlichen Grundbedürfnisse zählt (2000). Vermutlich ist dies wie bei jedem Bedürfnis: Wir können es eine Zeit unterdrücken. Da wir jedem Bedürfnis aber gerne nachgehen würden (zum Beispiel Sexualität, Macht, Sicherheit etc.), verspüren wir nach einer gewissen Zeit einen immer stärker werdenden inneren Drang danach, das Bedürfnis nun doch zu befriedigen.

Dieser vermutete psychologische Zusammenhang würde auch erklären, warum wir Menschen immer wieder Unbehagen im Frieden erleben, warum wir immer wieder auf Konflikte mit anderen Menschen und Kulturen zusteuern: Wir wollen einfach das Gefühl haben, dass wir (unsere eigene Gruppe, Nation, Kultur) besser, wichtiger und wertvoller ist als andere Gruppen, Nationen und Kulturen. Die Frage ist, ob dies bei uns Menschen im großen Stil veränderbar ist, oder nicht. Wir glauben ja – durch Bewusstmachen!

Zahlreiche Studien in der Psychologie beschäftigen sich gezielt mit dem Phänomen des „Mir-wird-es-schon-nicht-passieren"-Gedankens. Hierzu kann auch die Forschung zum Themenbereich des unrealistischen Optimismus (*unrealistic optimism*) gezählt werden. Damit ist schlichtweg gemeint, dass Menschen die Tendenz haben, die Wahrscheinlichkeit dafür, dass ihnen etwas Negatives passieren könnte, zu unterschätzen (Weinstein, 1984; McKenna, 1993). Beim unrealistischen Optimismus wird zusätzlich davon ausgegangen, dass die persönliche Wahrscheinlichkeit für das Eintreten positiver Ereignisse überschätzt wird (Weinstein, 1980). Zahlreiche Studien hierzu zeigen eindrücklich, dass wir gemeinhin annehmen, wir seien mehr vom Glück gesegnet als andere (Harris & Hahn, 2011). Dieser Effekt zeigt sich besonders deutlich, wenn Menschen gebeten werden, sich mit dem Durchschnitt zu vergleichen. Als Erklärung hierfür findet sich oft der zuvor bereits angesprochene *abwärts gerichtete Vergleich*. In anderen Worten: „Ich weiß, dass schlimme Dinge passieren können, aber mich zähle ich nicht zu diesen Leuten, die davon betroffen sein werden." Verschiedene Studien konnten zeigen, dass der Effekt der optimistischen Verzerrung jedoch mit der persönlichen Distanz zur Vergleichsperson abnimmt. Gemeint ist damit, dass wir für Menschen, die uns nahe stehen, wie etwa die Familie oder den besten Freund, ein ähnlich positives Schicksal annehmen (Perloff & Fetzer, 1986). Sobald die Vergleichsperson abstrakter/ferner erscheint („der Durchschnittsbürger") zeigt sich der Effekt aber dann zunehmend (Lermer et al., 2013).

FAZIT: Was heißt das nun für den angenommenen Effekt des Wohlstandsübermutes? Menschen haben positive Illusionen über sich selbst und hinsichtlich der Gruppe, der sie angehören. Daher besteht die Gefahr, dass sie mehr dazu bereit sind, Risiken einzugehen. Schließlich gehen Sie davon aus, dass die negativen Konsequenzen für sie ausbleiben. Hinzu kommt auch noch der von Kahneman (2010) dokumentierte „egocentric bias". Wenn fünf Personen als Gruppe an einer Gruppenaufgabe arbeiten und man sie am Ende des Gruppenprojekts einzeln und anonym fragt: Was schätzen Sie, wie viel haben Sie persönlich zum Gelingen des Projektes beigetragen?, dann ergibt sich regelmäßig ein Gesamtwert von über 250 Prozent. Sowohl auf Gruppenebene als auch auf Individualebene überschätzen wir Menschen massiv unseren eigenen Beitrag und das, was uns am Ende als Gratifikation für unsere Leistung zustehen würde. Anders betrachtet: Wir haben meist das Gefühl, dass uns mehr zusteht als anderen, da wir subjektiv mehr geleistet haben als die anderen. Das ist ein Grund weshalb wir auch immer wieder Konflikte mit anderen Gruppen eingehen; um ihnen klar zu machen, dass uns mehr zusteht.

Evidenz 8: Gruppen und Risikobereitschaft

Grundsätzlich gehen die meisten von uns davon aus, dass Gruppen, Teams, Kommissionen bessere Entscheidungen treffen als Einzelpersonen. Wir nehmen an, dass fünf Köpfe schlauer sind (mehr Rechenpower haben) als einer. Informationstheoretisch ist dies grundlegend sicherlich eine berechtigte Annahme. Allerdings zeigt eine Reihe von Untersuchungen, dass gerade Gruppen häufig mehr Risiko bei Entscheidungen eingehen als Einzelentscheider. Beispielsweise raten Gruppen von Ärzten systematisch häufiger zu riskanten Operationen als einzelne Ärzte (Smith & Mackie, 1993). Wie kann man das erklären? Zum einen zeigen Studien zur Informationsverarbeitung, dass sich in Gruppen häufig Extrempositionen durchsetzen; d.h. Extremmeinungen ziehen das indifferente Mittelfeld (die meist unentschiedenen Gruppenmitglieder) nach oben oder unten – je nach dem, an welchem Extrempol die entsprechende Meinung angesiedelt ist (zu mehr oder weniger Risiko).

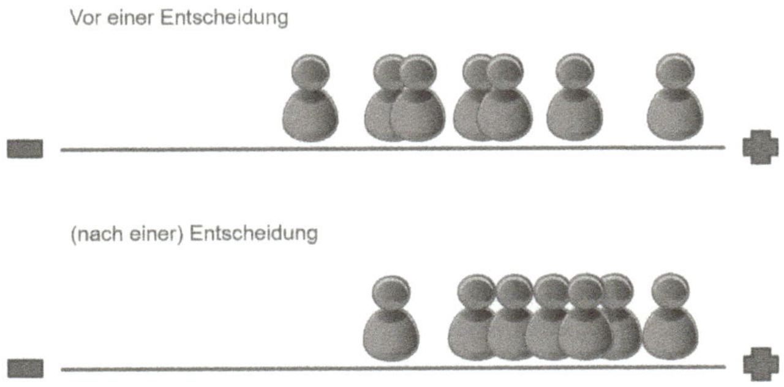

Risky-Shift (adaptiert von Lermer et al., 2014)

Deshalb ist es auch wichtig, in der eigenen Gesellschaft gegen politischen Extremismus konsequent vorzugehen – auch wenn es sich nur um eine kleine Splittergruppe handelt. Gerade in krisenhaften, angstbesetzten Zeiten können Extremmeinungen einen starken einstellungsändernden, manipulierenden (persuasiven) Einfluss auf die politische Mitte haben und zu hochriskanten gesellschaftlichen Entscheidungen führen. In anderen Worten: Beispielsweise hätten die Brexit-Gegner wesentlich früher ernst genommen werden müssen, als sie noch eine kleine Gruppe von Extremmeinungen hinsichtlich der Unabhängigkeit Großbritanniens waren.

Anders betrachtet: Auf Grundlage der Forschungen zum *Risky-Shift-Phänomen* ist davon auszugehen, dass in der öffentlichen Diskussion immer wieder Personen mit Extremmeinungen auftreten. Diese Extremmeinungen können positiv wie negativ sein. Im Falle positiver Extrempositionen, wie zum Beispiel der Adaptation neuer wissenschaftlicher, technologischer, medizinischer Erkenntnisse und Techniken, ist deren starker Einfluss weniger ein Problem – wenn diese dazu gedacht sind, die Welt besser zu machen (ausgenommen sind hier natürlich neue Entwicklungen im Bereich Waffen oder Suchtstoffe). Im Falle von extremistischen, zerstörerischen Positionen ist es allerdings sehr wohl ein Problem. Diese Extrempositionen wird es wahrscheinlich immer geben und sie tauchen interessanterweise auch dann (oder vielleicht gerade dann) auf, wenn es den meisten Menschen einer Kultur oder Gesellschaft insgesamt ökonomisch und sozial besonders schlecht oder besonders gut geht. Nun wissen wir aus der Risky-Shift-Forschung, dass Extremmeinungen das indifferente Mittelfeld ziemlich stark persuasiv beeinflussen, d. h. überzeugen können und in ihre Richtung ziehen. Dies geschieht über sozialen Informationsaustausch, zum Beispiel in Gruppendiskussionen, Diskussionen in den Massenmedien oder auch auf bilateraler Ebene.

Gruppendiskussionen sind jedoch selten so ideal gestaltet, wie man meinen würde. Daher liefern sie auch oft nicht den erwarteten Nutzen. Ein eindrückliches Beispiel hierfür ist ein Paradigma, das unter dem Namen *Hidden Profile* bekannt geworden ist.

Hidden Profile beschreibt das Phänomen, dass Gruppenmitglieder Informationen, über die nur sie exklusiv verfügen (siehe Abbildung: zum Beispiel A_2) nicht nennen und den geteilten Informationen, über die alle verfügen (siehe Abbildung: A_1, B_1, B_2, B_3), mehr Bedeutung geben. Im Beispiel der Abbildung sehen alle Personen (dargestellt als Ellipsen) die geteilten Informationen auf dem Tisch (Schnittmenge der Ellipsen). Diese Situation wird die Gruppe der drei Personen dazu veranlassen, sich für Alternative B anstatt für A, zu entscheiden, da vermeintlich mehr Argumente für B vorhanden sind (3xB vs. 1xA). Zwar hat jede Person noch ein Argument für A in petto, allerdings ist es eher unwahrscheinlich, dass sie dieses noch zur Sprache bringen wird; denn ihrer Meinung nach ist die Entscheidung für B ja schon absehbar. Da nun sehr wahrscheinlich ist, dass jede der drei Personen ebenso denkt, fällt nicht auf, dass die Entscheidung eigentlich für A hätte ausfallen müssen. Doch aufgrund psychologischer Prozesse wurde hier anders entschieden.

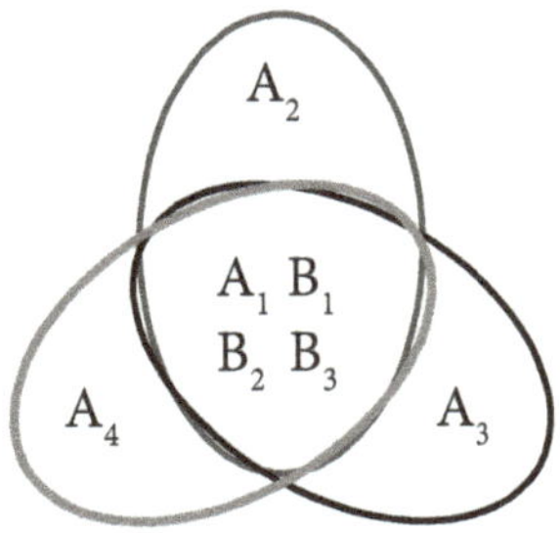

Hidden Profile

Gerade die schnelle Kommunikation über Social-Media-Kanäle verstärkt diesen Effekt. Immer mehr Menschen machen sich immer seltener die Mühe, zu hinterfragen oder gar zu prüfen, ob das, was sie an Informationen erhalten, den Tatsachen entspricht. Bestes Gegenbeispiel ist Donald Trump: Er spricht konsequent regelmäßig von Fake News. Neue Parteien, charismatische Führer, strategische Lobbyisten oder andere Meinungsmacher können damit in kürzester Zeit mit einfacher Polemik eine Vielzahl an Anhängern gewinnen. Diese lassen sich aufgrund der verschiedenen psychologischen Phänomene nicht selten nur zu gerne mitreißen. Ein Beispiel hierfür mag das politische Auftreten mancher Politiker sein, deren Rhetorik und Argumentation an für Außenstehende nicht nachvollziehbar vielen Stellen Gehör und Zustimmung findet. Wahrscheinlich unter anderem, weil es einfach schön ist,

- einen Helden zu haben,
- Verantwortung abzugeben,
- die eigene Gruppe zu feiern und sich mit ihr stark zu fühlen,
- gemeinsam auf vermeintliche Außenfeinde zu schimpfen,
- nicht finanzierbare Utopien unreflektiert zu ersehnen und sich davon berauschen zu lassen.

Ein weiterer relevanter Forschungsbereich in diesem Zusammenhang befasst sich mit dem Phänomen des

Gruppendenkens (*group think*). Hier wird der Zukunftsoptimismus von Gruppen betrachtet: Menschen sind überzufällig zuversichtlich, dass mit ihrem Leben, ihren Plänen und Handlungsentscheidungen in der Zukunft alles gut gehen wird (Taylor & Brown, 1988). Ein sehr gutes Beispiel ist hier die Invasion in der Schweinebucht 1961. Nach der kommunistischen Besetzung Kubas waren sich der amerikanische Präsident John F. Kennedy und sein Beraterstab viel zu sicher, dass ihr schlecht ausgearbeiteter Plan zur Zurückeroberung Kubas funktionieren würde. Das Gegenteil passierte: Kuba nahm über 1100 Angreifer gefangen, etwa 90 wurden getötet und nach drei Tagen waren die Invasionstruppen von der kubanischen Verteidigung aufgerieben. 1962 wurden 1113 Gefangene gegen die Lösegeldforderung Fidel Castros in Höhe von über 50 Millionen Dollar in Form von Nahrungsmitteln und Medikamenten freigelassen. Der amerikanische Sozialpsychologe Janis (1982) entdeckte in diesem Zusammenhang das Gruppendenken-Phänomen, d.h. Gruppen sind häufig viel zu optimistisch, dass ihre Pläne und Aktionen in der Realität funktionieren werden. Ähnliches zeigt sich bei populistischen Politikern und deren Wählern: Auch in dieser Gruppe ist man sich viel zu sicher, dass es eine einfache Lösung auf maximal komplexe gesamtgesellschaftliche Prozesse geben kann. Häufigstes Argument der Populisten ist hier: Löhne rauf, Steuern runter, Migranten aus der Gesellschaft ausgrenzen. Neuere makroökonomische Studien zeigen hier mittlerweile eindrucksvoll, dass nach der politischen Machtübernahme durch Populisten über kurz oder lang der Wert der eigenen nationalen Währung massiv einbricht (siehe Türkei, Argentinien, Venezuela, etc.).

Das Phänomen des Gruppendenkens beschreibt also, dass unser Denken durch die Gruppen, in denen wir uns bewegen, beeinflusst wird. Wir alle orientieren uns (wenigstens in Teilen) an den Wertvorstellungen unserer Familie, Freunde, Vereine oder eben auch Partei, der wir vielleicht angehören. Zu gefährlichem Gruppendenken kann es besonders dann kommen, wenn sich die einzelnen Mitglieder unreflektiert dem Denken der Gruppe unterwerfen – negative Extrembeispiele hierfür finden sich etwa in den Massenselbstmorden verschiedener Sekten, wie etwa die Selbsttötungen in Jonestown im Jahre 1974, bei der 909 Anhänger starben. Oder zum Beispiel die Sekte „Heaven's Gate" in der Nähe von San Diego: 1997 nahmen sich 39 Mitglieder das Leben. Als Grund wird vermutet, dass die Mitglieder der Meinung waren, dass sie dadurch ihre Seele auf ein Raumschiff schicken könnten. Dieses soll sich hinter dem Kometen Hale-Bopp befunden haben, der zu dieser Zeit viel Aufsehen erregte. Die besondere Gefahr im Gruppendenken besteht dabei in der Starrheit, die entstehen kann, wenn kein realistisches Korrektiv mehr greifen kann, zum Beispiel gegenteilige Meinungen nicht mehr berücksichtigt werden.

Ist dies nicht mehr der Fall, entstehen Dogmata. Das Phänomen des Gruppendenkens wird daher auch als einer der relevantesten Faktoren im Nationalsozialismus erachtet. Es lassen sich eine Reihe an Bedingungen und Prozessen ausmachen, die das Auftreten von Gruppendenken begünstigen können: Hierzu zählten (a) die Abschottung nach außen, (b) dominante, nicht objektive Meinungsführer, (c) subjektiv empfundene Bedrohung von außen, (d) hoher Zusammenhalt (Gruppenkohäsion), (e) kein Zulassen von Zweifeln (Konformitätsdruck), (f) starke Überzeugung der Richtigkeit des eigenen Handelns (Gefühl moralischer Überlegenheit), (g) gegenseitiges Bestätigen der bestehenden Gruppenmeinung innerhalb der Gruppe, (h) Fokus auf Informationen, die die Gruppenmeinung bestätigen (selektive Informationswahrnehmung). Betrachtet man diese Auswahl als eine Art Schablone und gleicht diese nun mit Entwicklungen im aktuellen Zeitgeschehen ab (zum Beispiel politische Entwicklungen in verschiedenen Teilen der Welt), sollten an vielen Stellen die Alarmglocken angehen. Da dies aber sehr wahrschlich aufgrund psychologischer Prozesse nicht von allein passieren wird, ist es umso wichtiger, dieses Wissen zu transportieren.

FAZIT: Entscheidungen in Gruppen können riskanter ausfallen, als ursprünglich tatsächlich von der Gruppe beabsichtigt. Sozialpsychologische Effekte tragen dazu bei, dass wir uns leicht einer Gruppenmeinung anschließen bzw. diese verstärken. Dazu kommt, dass Gruppenentscheidungen auch schlechter ausfallen können, als es der Fall sein müsste – einfach deshalb, weil relevante Informationen nicht geteilt oder überdacht werden. Gerade neue Kommunikationskanäle in Kombination mit diesen Effekten bergen daher ein großes Risiko, dass sich Einzelne sowie Gruppen fehlleiten lassen. Dass sich ganze Gruppen schlecht entscheiden können, zeigt ferner die Forschung zum Phänomen des Gruppendenkens. Aufgrund der im Vorfeld zu wenig bewusst überlegten Anpassung der Meinung an die Gruppenmeinung kann es zu realitätsfernen Meinungen und zu wenig durchdachten Entscheidungen sowie gefährlichen Dogmata kommen.

Evidenz 9: Ingroup-Outgroup-Phänomen und soziale Identität in Gruppen

Eines der berühmtesten Grundgesetze der modernen Gruppenpsychologie ist der Effekt, dass Gruppen (Ingroups) systematisch andere Gruppen (Outgroups) abwerten. Die Abwertung von Outgroups erhöht über einen kollektiven sozialen Vergleichsprozess zugleich den subjektiv wahrgenommenen Wert der eigenen Gruppe. Dieser Effekt erklärt ziemlich viele sehr negative und häufig konfliktreiche, zerstörerische Phänomene wie zum Beispiel Rassismus, Diskriminierung, Vorurteile und Stereotype. Diese Prozesse sind nicht selten darauffolgend die Ursache für Krieg, Vertreibung bis hin zu Genozid.

In klassischen Studien wurde bereits gezeigt, wie stark Gruppenzugehörigkeit menschliches Erleben und Verhalten beeinflussen kann. In einer der ältesten Studien von Tajfel (1970) wurde eine Gruppe von ca. 10–12 Jahre alten Jungen in einem Pfadfinderlager beobachtet. In der ersten Woche sollten alle Jungen als eine Gesamtgruppe sich um die täglichen Dinge im Pfadfinderlager kümmern, so zum Beispiel Zelte aufbauen, Feuerholz suchen, Essen und Trinken organisieren, etc. Dies lief alles problemlos und ohne größere Konflikte ab. In der zweiten Woche wurde die Gesamtgruppe in zwei Teilgruppen geteilt, d.h. blaue und rote Gruppe. Die Jungen bekamen ein entsprechend farbiges Schild am T-Shirt angeklebt. Was passierte? Die beiden Gruppen begannen relativ automatisch zu rivalisieren, d.h. sie schwärzten sich gegenseitig bei der Führungskraft an, enthielten sich wichtige Informationen vor, warfen sich gegenseitig Steine in den Weg etc. In der dritten Woche kam eine neue Gruppe aus der Stadt an. Die beiden bisherigen Gruppen (blau und rot) wurden aufgelöst und zu einer neuen Gesamtgruppe „fusioniert" (grüne Gruppe). Die Neuankömmlinge waren die neue gelbe Gruppe. Resultat: Die Kontrahenten der letzten Woche arbeiteten wieder wunderbar zusammen, während sie gegenüber den Neuankömmlingen opponierten.

Inwiefern könnte dieser Ingroup-Outgroup-Effekt unseren Effekt des Unbehagens im Frieden beeinflussen und möglicherweise sogar verstärken? Wenn es Menschen gut geht, dann werden sie zunehmend individualistischer (siehe auch Fischer et al. 2011). Individualistischer zu werden, bedeutet zugleich auch, selbstverliebter und narzisstischer zu werden. Dieser individuelle Narzissmus höhlt unser psychisches Wohlbefinden auf Dauer aus. Die aktuelle nahezu exponentiell steigende Zahl der Burnout-Fälle könnte für diese Hypothese sprechen. Aber: Menschen sind auch Gruppenwesen. Vielleicht ist es für manche auf die Dauer ist wenig erträglich, dieses biologisch-evolutionär tief angelegte Bedürfnis, zur Gruppe dazu zu gehören (*social belonging*) zu negieren oder zu verleugnen. Deshalb wäre es möglich, dass wir nach einer längeren Zeit des Friedens des Individualismus überdrüssig werden und wieder stärker das Bedürfnis spüren, einer starken revolutionären Gruppe anzugehören. Wir wollen dann wieder Teil eines größeren Ganzen werden, wieder zu alter Stärke auffahren. Gerade wenn man sich die Wähler der rechtspopulistischen Parteien ansieht (zum Beispiel AfD in Deutschland, FPÖ in Österreich, SVP in der Schweiz, Jobbik in Ungarn, FN in Frankreich, Ukip in UK, PiS in Polen, SD in Schweden, DF in Dänemark), so wird schnell deutlich, dass hier starke Gruppenprozesse am Werk sind. Hier ist ein starkes Bedürfnis, die eigene Gruppe (Ingroup) aufzuwerten und zugleich andere Gruppen (Outgroups) abzuwerten – und somit diesen Selbstwert-Boost zu genießen und damit das Bedürfnis nach einer starken Gruppe zu befriedigen. Doch warum erleben wir dieses Phänomen aktuell in so vielen Ländern? Argumente hierfür könnten Ansteckungs- und Legitimationseffekte sein. Ansteckung in dem Sinne, als dass man sein Verhalten rechtfertigt durch das Erleben eines Gefühls von „Die anderen machen das ja auch, also ist da wohl was dran". Ein rechtfertigender Gedanke, mit dem man seine Entscheidung vor sich selbst legitimieren könnte, wäre dann leicht gebracht: „Die anderen machen das auch, dann ist es auch ok."

FAZIT: Menschen haben ein starkes Bedürfnis, einer Gruppe anzugehören. Wir sind der Ansicht, dass dieser psychologische Effekt substanziell erklärt, wieso momentan in so vielen Ländern der Welt der Nationalismus wieder aufblüht – selbst in Deutschland mit seiner katastrophalen nationalen Geschichte 1933–1945. Wir sollten uns immer wieder bewusst machen, dass tief in uns allen ein Bedürfnis nach sozialer Zugehörigkeit schlummert (*social belongingness*). In wiederkehrenden zeitlichen Zyklen bietet sich für Populisten die Möglichkeit, dieses Bedürfnis zu adressieren. Sie nutzen dieses und erinnern Menschen massiv an deren soziale Identität (oft Nationalität) und suggerieren, dass diese durch irgendeinen Einfluss bedroht wäre. Viele Menschen sind für Gefühle der nationalen Identität empfänglich, ganz gleich ob es in ihrem Land wirtschaftlich gut oder schlecht läuft. Wenn es schlecht läuft, sind eine oder mehrere Outgroups dafür verantwortlich. Wenn es gut läuft, dann gefährden dieselben Outgroups Wohlstand und Prosperität. Dies ist ein kollektiv-psychologischer Mechanismus, der eigentlich leicht zu durchschauen und gut reflektierbar wäre. Die Frage ist, ob wir ihn uns bewusst machen wollen. Wir würden ein wohliges Gefühl der sozialen Signifikanz tauschen gegen Realismus und Anerkennung anderer Menschengruppen. Wir alle fühlen uns als jemand Besonderes, weil wir Deutsche, Amerikaner, Japaner, Chinesen, Russen, Bayern etc. sind. Aber das ist nichts Besonderes, denn es ist einfach Zufall, wo und in welcher Kultur wir geboren werden. 14.400 Kriege in den letzten 5000 Jahren (Fischer, Jander & Krüger, 2018) sprechen hier eine deutliche Sprache und in den allermeisten Fällen war soziale Identität in Form von Nation, Kultur oder Religion an der Entfachung der Kriege beteiligt.

Evidenz 10: Bystander-Effekt: Warum helfen wir Menschen nicht, die leiden?

Kitty Genovese wurde am 13. März 1964 von einem psychisch kranken, entflohenen Häftling mehr als 30 Minuten vergewaltigt und anschließend getötet. Berichten zufolge gab es mehr als 30 Zeugen dieser Tat, denn sie wurde mitten in Queens in einem Hausseiteneingang verübt. Nach ca. 45 Minuten hat sich genau eine Person der über 30 Zeugen bei der Polizei telefonisch gemeldet. Zwei Wochen nach dem Mord veröffentlichte der Journalist Martin Gansberg einen Artikel in der New York Times, in dem es um die Frage ging, ob wir Menschen schlimmer sind als Tiere („*37 Who Saw Murder Didn't Call the Police*"). Scheinbar helfen wir noch nicht einmal unseren Artgenossen in größtem Leid und bringen uns gegenseitig um. Dies tritt im Tierreich innerhalb der gleichen Art wesentlich seltener auf als beim Menschen. Die Sozialpsychologen Bibb Latané und John Darley (1968) haben daraufhin ein groß angelegtes Forschungsprogramm gestartet, in dem sie am Ende die Ehre des Menschen doch wieder ein Stück weit retten konnten. Sie zeigten nämlich in einer Vielzahl experimenteller Studien, dass wir häufig deswegen unseren Artgenossen nicht helfen, weil wir so etwas erleben wie (a) Verantwortungsdiffusion, (b) Bewertungsangst und (c) pluralistische Ignoranz.

Was sind das für psychologische Konzepte? Verantwortungsdiffusion bedeutet, dass wir die persönliche Verantwortung, jemanden in einer kritischen Situation zu helfen, durch die Anzahl der anwesenden Personen teilen. Wenn also noch viele andere Personen bei einem Notfall anwesend sind, dann denken sich Menschen: „Sollen doch die anderen helfen; die können das bestimmt besser als ich." Wenn am Ende das Opfer sogar stirbt, dann sind gefühlt die anderen eben auch genauso schuld wie ich selbst. Bei der Bewertungsangst, dem zweiten Prozess, geht es darum, dass Menschen sich ungern bei ihrem Verhalten beobachten lassen wollen. Jeder Musiker kennt dies: Lampenfieber. Man hat Angst, von anderen negativ bewertet zu werden. Zuletzt ist die pluralistische Ignoranz der komplizierteste psychologische Mechanismus in diesem Kontext. Menschen beobachten häufig das Verhalten anderer Menschen, um zu definieren, was Realität ist. Wenn uns also zum Beispiel in einer überfüllten U-Bahn irgendetwas komisch vorkommt (zum Beispiel man ist sich nicht sicher, ob jemand „Hilfe" gerufen hat), dann schauen wir in die Gesichter der anderen Fahrgäste, um zu definieren, ob es wirklich ein Problem gibt oder nicht. Wenn die Gesichter der anderen Personen nicht danach aussehen, als seien diese auch besorgt, dann schließen wir daraus, dass es anscheinend kein Problem gibt. Nun kann es sein, dass wir gerade jemandem ins Gesicht sehen, der zuvor auf seinem Smartphone die Nachrichten gelesen hat oder mit seinen Kopfhörern Musik hört. In diesem Fall würden wir dann schließen, dass es kein Problem gibt und wir nicht helfen müssen – obwohl es in Wirklichkeit eben doch ein Problem gibt und ein anderer Mensch Hilfe braucht. Dieser letzte Prozess rettet die Ehre des Menschen als eines zum Humanismus fähigen Wesen noch am stärksten, denn im Falle pluralistischer Ignoranz helfen wir nicht deshalb nicht, weil wir böse sind und die anderen Menschen uns egal sind, sondern weil wir aufgrund fehlerhafter Wahrnehmungs- und Informationsverarbeitungsprozesse fälschlicherweise und ohne dies zu wollen zu dem Schluss gekommen sind, dass es in Wirklichkeit kein Problem gibt.

Goldhagen (1996) hat in einer viel beachteten Schrift überzeugend dargelegt, dass es so etwas wie den Bystander-Effekt auch auf Gruppenebene gibt. Im Schnitt hat ein Diktator drei bis vier Jahre Zeit, um einen Genozid zu betreiben, bevor die Weltengemeinschaft tatsächlich einschreitet. Dies hat Goldhagen in seinen Recherchen immer wieder beobachtet. In eigenen experimentalpsychologischen Studien (Fischer, Lermer & Fischer, 2018) konnten wir dies sogar im psychologischen Versuchslabor zeigen. Wenn Gruppen/ Teams merken, dass ein anderes Team Hilfe braucht, und zugleich aber wissen, dass es auch noch andere beobachtende Teams gibt (Bystander), dann sinkt die kollektive Hilfsbereitschaft signifikant ab. Übertragen auf die wirkliche Welt und das Thema dieses Buches bedeutet dies, dass in einer digitalisierten und informational sehr transparenten Welt dieser kollektive Bystander-Effekt sich noch weiter verstärken müsste. Wir wissen durch die digitalen Medien viel mehr über die Probleme in anderen Kollektiven (Ländern, Kulturen) und zugleich wissen wir auch, dass dies viele andere Kollektive auch wissen. Die Zahl der wahrgenommenen kollektiven Bystander ist also mehr oder weniger ins Unermessliche gestiegen und der Prozess der Verantwortungsdiffusion sollte noch viel stärker zur Geltung kommen.

FAZIT: Es gibt verschiedene Gründe, warum Menschen anderen Menschen in Notsituationen nicht helfen. Die Psychologie hat mit der Bystander-Forschung eine Reihe zentraler Faktoren identifiziert, die dieses Verhalten erklären können. Einer der wichtigsten Punkte hierbei ist jedoch das Wissen darum: Je mehr Menschen um den Bystander-Effekt wissen, desto seltener tritt er auf.

Evidenz 11:
Kognitive Fehler des Menschen: Die Begrenztheit menschlicher Vernunft und Entscheidungsfähigkeit

Es gibt bei uns Menschen auch eine ganze Menge an kognitiven Verzerrungen und Illusionen, die uns immer wieder in die Lage bringen, die Welt um uns herum nicht realistisch genug einschätzen zu können. Diese kognitiven Schwierigkeiten beim realistischen Einschätzen der Welt führen mitunter immer wieder dazu, dass wir wiederholt die gleichen Fehler hinsichtlich des Eingehens von Risiken und Konflikten machen. Einige dieser psychologischen Illusionen wollen wir Ihnen im folgenden Kapitel vorstellen:

What you see is all there is (WYSIATI):
Menschen haben die Gabe, dass sie leicht und geradezu automatisch aus wenigen Informationen für sie plausible Geschichten konzipieren können (Kahneman, 2010). Das ist oft sinnvoll, damit wir uns Ereignisse erklären und sie damit sozusagen „abhaken“

können. Denn Nicht-Erledigtes oder offene Enden von Geschichten – zum Beispiel bei Fernsehfilmen fällt uns das auf – beschäftigt uns länger, sie bleiben auch länger in Erinnerung. Das allerdings ist der sogenannte Zeigarnik-Effekt. Der WYSIATI-Effekt jedoch besagt an sich das, für was er steht: Was Du siehst, ist alles, was da ist. Dem ist aber nicht immer so. Doch das ist unserem Gehirn egal. Unser unbewusstes System hat aus den uns zugänglichen Informationen eine logische Geschichte zusammengefügt, und diese erscheint uns dann in unserem bewussten System als Tatsache/Wahrheit, für die es keinen Grund für Zweifel gibt. Warum auch, die Geschichte wirkt ja stimmig – auch wenn sie komplett erfunden sein kann. Wichtiger noch als deren Wahrheitsgehalt ist, dass die Informationen zueinander passen (Konsistenz vor Fakten). Nehmen wir ein Beispiel (Bluhm 2018). Sie erhalten folgende Informationen: Information 1: Eine Gruppe junger Männer versammelt sich am Hauptbahnhof. Information 2: Anne hat ein ungutes Gefühl und möchte nur schnell nach Hause. Wie könnte die Geschichte um diese beiden Informationen komplett lauten? Sicherlich fallen Ihnen hierzu viele Möglichkeiten ein. Dabei sind manche vielleicht dominanter als andere. Insbesondere, wenn Sie sich an die Medienberichte um die Vorfälle am Kölner Domplatz in der Silvesternacht 2015/16 erinnern. Vielleicht aber geht die Geschichte wie folgt: *Eine Gruppe junger Männer versammelt sich am Hauptbahnhof: Sie warten auf ihren Trainer, er kommt mit dem Kleinbus und fährt mit ihnen zum Fußballplatz. Anne hat ein ungutes Gefühl und möchte nur schnell nach Hause: Ihr ist gerade eingefallen, dass sie vergessen hat, das Fenster zuhause zu schließen. Nicht, dass Timmi, ihre Hauskatze, wieder für unbestimmte Zeit stiften geht.* Dass unser Gehirn eine unabhängige Geschichte wie diese erzeugt, ist unwahrscheinlicher, ebenso, dass nicht vorhandene Informationen berücksichtigt werden. Mit diesem Effekt arbeitet übrigens auch die Werbung. Achten Sie doch mal bei Plakaten in Ihrer Stadt, die beispielsweise nur Schlagworte zeigen, welche Geschichte da bei Ihnen erzeugt werden soll.

Bestätigungsfehler (Confirmation Bias):
Menschen verzerren Informationen aus ihrer Umwelt häufig so, bis sie das Gefühl haben, dass diese Informationen ihre Entscheidungen, Einstellungen und Handlungen bestätigen. Eine Vielzahl von Studien (für einen Überblick, siehe zum Beispiel Fischer & Greitemeyer, 2010) zeigt allerdings, dass wir einseitig vor allem positive (unterstützende) Informationen hören wollen und negative (widersprechende) Informationen zu stark aus unserem Bewusstsein ausblenden oder gar nicht an unser kognitiv-affektives System heranlassen. Eine Untersuchungskommission des amerikanischen Parlaments konnte beispielsweise zeigen, dass der Fehler der Bush-Administration, in den Irak einzumarschieren, vor allem auf Bestätigungsfehler und

selektive Informationssuche und -verarbeitung zurückzuführen war. Man überschätzte die Glaubwürdigkeit von Geheimdienstinformationen, dass der Irak Massenvernichtungswaffen besitze, und man unterschätzte gleichzeitig die Validität von anderen Geheimdienstinformationen, die das Gegenteil behaupteten. Viele von uns erinnern sich sicherlich noch an den damaligen Außenminister Colin Powell, der immer neue unterstützende Beweise bei der UNO vorlegte. In diesem Zusammenhang ist auch der Backfire-Effekt von Relevanz: Bei Anhängern ideologischer Gruppen können neue Fakten, die der eigenen ideologischen oder politischen Meinung widersprechen, dazu beitragen, dass sich deren Ansichten noch stärker festigen (Nyhan & Reifler, 2010).

Dunning-Kruger-Effekt:

Dieser Effekt besagt, dass inkompetente Menschen häufig aufgrund ihrer Inkompetenz ihre eigene Inkompetenz nicht erkennen können: Sie überschätzen ihre Kompetenz und unterschätzen überlegene Fähigkeiten anderer (Kahneman, 2010). Der Mathematiker Bertrand Russell (1872-1970) fasste das daraus resultierende Problem bereits 1933 mit den folgenden Worten zusammen: „In der Welt läuft so viel schief, weil die Dummen immer so sicher sind und die Gescheiten immer Zweifel haben." Eben deshalb erscheinen jene, die sich überschätzen, dem Beobachter auch häufig als besonders überzeugt und sicher hinsichtlich ihrer

Weltbilder und Einstellungen. Leider ist dies nicht selten ein Trugschluss und Risiken und Konflikte mit anderen Personen oder Gruppen werden eingegangen, welche man häufig im Nachhinein so nicht hätte eingehen sollen. Die menschliche Geschichte ist voll von Beispielen absoluter Selbstüberschätzung von politischen und wirtschaftlichen Führungskräften, die aufgrund eigener Selbstüberschätzung und Narzissmus ihr Land, ihre Organisation oder gar die ganze Welt in den Abgrund geführt haben (Beispiele hierfür sind die Finanzkrise, Kriege, etc.).

Fundamentaler Attributionsfehler (FAF):
Menschen erklären das beobachtete Verhalten anderer Personen häufig auf Basis von unveränderlichen/ bzw. schwer veränderlichen Persönlichkeitseigenschaften. Das eigene Verhalten wird dagegen meist situativ erklärt. Stellen Sie sich folgende Situation vor: Sie beobachten eine Person im Restaurant, die am Ende ihres Abendessens keinen Cent Trinkgeld gibt. Was würden Sie sagen, ist der Grund dafür? Psychologische Forschungen zeigen, dass wir am häufigsten sagen, dass die beobachtete Person wohl ein Geizkragen ist (Persönlichkeitsattribution). Wenn man sie aber nach Situationen fragen würde, in denen sie selbst kein Trinkgeld gegeben haben, und was hierfür der Grund war, dann antworten die meisten Personen situationsbezogen: Der Service war schlecht, die Suppe kalt etc. Ähnliche Prozesse laufen natürlich auch ab, wenn wir

uns fragen, warum andere Gruppen einen bestimmten Konflikt eingehen oder warum sie bestimmte politische Schritte in Erwägung gezogen haben. Mit anderen Worten: Aufgrund des fundamentalen Attributionsfehlers haben wir das Gefühl, dass wir mehr Recht auf Risiko und Konflikt haben als die andere Partei oder Nation.

FAZIT: Oft ist uns gar nicht klar, wie verzerrt wir die Welt wahrnehmen. Denn wir merken es häufig schlichtweg nicht, wenn unser Gehirn die Informationen so zusammenlegt, dass sie ein für unser Selbstkonzept günstiges Bild ergeben. Phänomene dieser Art wurden in der psychologischen Forschung bereits zahlreich identifiziert, und je bekannter sie werden, desto mehr verlieren sie an negativem Einfluss.

Wie können wir bessere Menschen werden? Gibt es psychologische Hoffnung auf den Menschen 2.0?

Mit dem vorliegenden Buch wollen wir den Menschen und damit die Welt ein Stück weit „besser“ machen. Dafür benötigt es drei Schritte: 1. Der Leser muss informiert werden über die zugrundeliegenden psychologischen Mechanismen der Lust am Leid. 2. Der Leser muss diese zugrundeliegenden psychologischen Prozesse bei sich selbst in vivo erkennen, erleben und fühlen. (Im Volksmund nennt man dies „Selbstreflexion“.) 3. Der Leser muss mit psychologischen Techniken – abgeleitet aus psychologischer Grundlagenforschung – vertraut gemacht werden, die es ihm ermöglichen, sich in der als wirklich wahrgenommenen Welt (Praxis) von diesen negativen psychologischen Prozessen (unter denen wir mehr oder weniger alle „leiden“) zu distanzieren.

Die wissenschaftliche Psychologie ist erst gute hundert Jahre alt. Deshalb ist sie natürlich hinsichtlich ihrer praktischen Anwendbarkeit in Wirtschaft und

Gesellschaft nicht so weit wie zum Beispiel die Physik oder die Medizin. Wenn Sie Bauchschmerzen haben und zum Arzt gehen, dann wird er Ihnen mit ziemlicher Sicherheit relativ schnell ein Medikament verabreichen, das Ihre Bauchschmerzen mit hoher Wahrscheinlichkeit lindert. Dies erwarten Menschen auch von der Psychologie im übertragenen Sinne – aber so weit sind wir leider noch nicht. Eine positive Entwicklung machte sich aber bereits in den letzten zehn Jahren bemerkbar und unseren Einschätzungen zufolge wird in 50–100 Jahren die direkte Anwendbarkeit der modernen Psychologie ähnlich sein wie bei anderen Human- und Naturwissenschaften. Die Psychologie hat jetzt bereits einen kleinen Werkzeugkoffer für interessierte Menschen parat und dieser Werkzeugkoffer wird in den nächsten 50–100 Jahren drastisch an Volumen zunehmen. Dies haben wir nicht zuletzt den psychologisch orientierten Neurowissenschaften zu verdanken, die dank modernster Technologien der Bildgebung das menschliche Gehirn immer besser verstehen können. Die zentrale Technologie ist hier die funktionale Bildgebung, die es uns ermöglicht, dem Gehirn bei der Arbeit zuzusehen. Es können hier im Kernspintomographen Gehirnareale sichtbar gemacht werden, die aktuell bei der Verarbeitung von Informationen im Gehirn aktiv sind. Das grundlegende Prinzip ist dabei die Messung der Sauerstoffanreicherung in bestimmten Gehirnarealen. Arbeitet ein bestimmtes Areal (zum Beispiel, wenn ein Mensch kreativ oder aggressiv ist), dann verbraucht dieses Areal überdurchschnittlich viel Sauerstoff und wir können es im Scanner sichtbar machen. Aufgrund dieser modernen Technik wird es immer mehr möglich sein, Bewusstseinsinhalte von Menschen sichtbar zu machen, sie besser zu verstehen und mit menschlichem Verhalten in der wirklichen Welt in Beziehung zu setzen.

Die Unterschiede zwischen den Menschen sind oft größer als ihre Gemeinsamkeiten. Deshalb wird auch nicht jede psychologische Intervention in gleichem Maße bei jedem Menschen wirken. Das muss man ehrlich zugeben, damit niemand enttäuscht sein wird, wenn bestimmte Techniken oder Methoden, die in Seminaren vermittelt werden, bei einzelnen nicht funktionieren. Alles, was wir aktuell seriös sagen können, ist, dass bestimmte Interventionen – sofern sie auf wissenschaftlichen empirischen Daten basieren – die Wahrscheinlichkeit erhöhen, dass ein Individuum Erfolg im Leben haben wird. Durch den Werkzeugkoffer der wissenschaftlichen Psychologie können Sie also nur Ihre Chancen verbessern, d.h. die Wahrscheinlichkeit, Erfolg zu haben. Nie wird irgendetwas mit absoluter Sicherheit funktionieren – zumindest nicht auf dem aktuellen wissenschaftlichen Stand der psychologischen Forschung. Im Folgenden werden einige Interventionsmöglichkeiten und deren Anwendung in der Praxis skizziert. Dieses Vorgehen entspricht der typischen Wertschöpfungskette der modernen wissenschaftlichen evidenzbasierten Psychologie.

Psychologische Strategien

Schritt 1 – Aufbau von psychologischem/kognitivem Wissen

Wir lernen in der Schule wichtige Kulturtechniken wie Lesen, Schreiben oder Rechnen. Wir lernen auch die Grundkonzepte der Biologie. Was wir allerdings nicht flächendeckend lernen, sind die Grundbegriffe der Psychologie. Wir lernen nicht, wie der Mensch auf der psychologischen Ebene funktioniert. Fast niemand kann genau erklären, was der Unterschied zwischen Denken und Fühlen ist. Schon gar nicht, was der Unterschied zwischen Motivation und Verhalten ist.

Zunächst geht es um die Vermittlung von Wissen, um im kognitiven System (unserem Denken) eine neuronale Landkarte anzulegen, an der man sich orientieren kann. In diese können dann neue Inhalte mit einem bereits bestehenden Referenzpunkt integriert werden. Dies zeigt sehr eindrucksvoll die moderne Neurowissenschaft (Volbergs et al., 2016) sowie die Psychologie des Lernens. Existieren bereits vorher bekannte kognitive Kategorien, so fällt es dem Lerner signifikant leichter, neues Wissen mit bereits bestehendem Wissen zu verbinden. Sind dagegen noch „Schubladen" vorhanden, so fällt es ihm signifikant schwerer und ein entsprechender Effekt wird unwahrscheinlicher. Viele psychologische Laien denken, psychologisches Wissen nütze nichts, um neuro-kognitive Zustände zu verändern. Auf Basis von psychologischen Forschungsbefunden kann man sagen, dass dies falsch ist. Nahezu alle Therapierichtungen der klinischen Psychologie setzen neben anderen Techniken auch auf die Aufdeckung von ursächlichen, psychologischen Zusammenhängen. In anderen Worten: Wenn dem Klienten bewusst ist, woher seine Ängste kommen und durch welche situativen Stimuli sie ausgelöst werden, dann fällt es ihm signifikant leichter, seine Angst durch die Psychotherapie zu besiegen.

In der nicht-klinischen Psychologie wirkt diese Technik ganz genauso. In einer hochrangig publizierten Meta-Analyse konnten Fischer et al. (2011) zeigen, dass die Tendenz, in Notfällen Hilfe zu leisten, im Laufe der letzten 40 Jahre systematisch zugenommen hat. Dies ist darauf zurückzuführen, dass die psychologischen Ursachen, wieso Menschen keine Hilfe leisten, bei so schlimmen Fällen wie unseren Mitbürgern Tugce Albayrak oder Dominik Brunner, die durch eigenes zivilcouragiertes Eingreifen in die Notsituation von Fremden und zeitgleich fehlende Unterstützung der umstehenden Leute ums Leben kamen, mittlerweile auch in der nicht psychologisch ausgebildeten Allgemeinbevölkerung angekommen ist. Die meisten von uns wissen mittlerweile, dass wir Menschen in Notsituationen gerne die Verantwortung anderen anwesenden Personen überlassen (Latané & Darley, 1968). Mit diesem metakognitiven Wissen um zugrundeliegende psychologische Prozesse wird es in der nächsten kritischen Hilfesituation einfach viel schwerer für das Individuum, wegzusehen und nicht zu helfen. Der spontane Impuls mag wohl bei den meisten sein, dass das doch lieber die anderen machen sollten (d.h. die subjektive Kosten-Nutzen-Rechnung fällt bei den meisten Hilfeleistungen sicherlich fast immer negativ aus). Aber da wir diesen Effekt kennen, steuert unser wahrgenommenes Bewusstsein dagegen und zwingt/motiviert das Individuum, dann eben doch zu helfen. In der sozialpsychologischen Forschung weiß man das schon seit Jahrzehnten.

In nahezu allen sozialpsychologischen Experimenten und Studien werden die Versuchsteilnehmer mit einer sogenannten „Coverstory“ konfrontiert. Man lenkt die Versuchsteilnehmer durch eine erfundene Geschichte von der wirklichen Forschungshypothese ab. Würde man dies nicht tun, so würden vermutlich nur noch die wenigsten Befunde – zum Beispiel aus dem Bereich Aggression oder Zivilcourage – replizierbar sein. Wenn ein Versuchsteilnehmer informiert wird, dass er an einer Aggressionsstudie teilnimmt, und man von ihm nach einer situativen Manipulation (zum Beispiel negatives unverschämtes Leistungsfeedback) erwartet, dass er verstärkt aggressives Verhalten zeigt (zum Beispiel eine andere Person bestraft), dann wird dieser Effekt nicht mehr auftreten, wenn die Forschungshypothese bekannt ist. In anderen Worten: Wenn uns psychologische Prozesse und Mechanismen bewusst werden, also im präfrontalen Kortex „ankommen“, dann haben wir die Möglichkeit gegenzusteuern. Gegensteuern können wir aber nur, wenn uns diese Mechanismen bewusst werden; deshalb brauchen wir in der Bildung und Ausbildung von Menschen eine starke Komponente der Vermittlung basaler psychologischer Prozesse, damit die Wahrscheinlichkeit beim Individuum erhöht wird, dass der betreffende Mechanismus bewusstseinsfähig wird und bewusst kontrolliert, verstärkt oder abgeschwächt werden kann.

Schritt 2 – Bewusstwerdung (Selbstreflexion) von psychologischen Prozessen

Nachdem Menschen kognitive Strukturen zu möglichen psychologischen Mechanismen aufgebaut haben, ist es wichtig, dass sie diese auch in ihrem eigenen subjektiven Alltag erleben können. Ansonsten glauben sie nicht, dass es diese Mechanismen bei ihnen selbst gibt, und sind deshalb auch nicht motiviert, diese zu erkennen und gegenzusteuern. In der psychologischen Literatur unterscheidet man in diesem Kontext zwischen System I und System II: System I ist das automatische System, das mehr als 90 Prozent der menschlichen kognitiven Aktivität ausmacht. System I ist gekennzeichnet durch folgende Merkmale: automatisch, schnell, unwillkürlich, kapazitätsmäßig so gut wie nicht begrenzt, irrational, aber funktional, stark beeinflusst durch Emotionen. Im Gegensatz dazu ist System II langsam, willkürlich, bewusst, beeinflussbar, anstrengend, logisch. Die meisten Effekte, die wir in Wirtschaft und Gesellschaft wahrnehmen, sind

Produkte von System I. Ziel unseres Ansatzes ist es dagegen, System II so aufzubauen, dass es die Mechanismen von System I erkennt und rechtzeitig gegensteuern kann.

Folgendes Praxisbeispiel soll dies verdeutlichen: System I zwingt uns mehr oder weniger dazu, solche Informationen gut zu finden, die unsere eigene Position, Präferenz, Entscheidung oder Weltanschauung unterstützen. Kritische widersprechende Informationen werden dagegen systematisch in ihrer Glaubwürdigkeit und Qualität abgewertet (vgl. Festinger, 1957; Frey, 1986; Fischer et al., 2008a, b; Fischer et al., 2010; Fischer et al., 2011). Unsere eigenen langjährigen empirischen Forschungen haben gezeigt, dass dieses psychologische Phänomen relativ automatisch (System I) erzeugt wird. Weist man die Versuchspersonen allerdings auf den Effekt hin (bzw. warnt man sie davor), dann schwächt er sich substanziell ab. Warum? Weil das bewusste System II eine kognitive Operationseinheit aufbaut (*monitoring system*), das genau aufpasst (Selbstreflexion), ob und wann dieser Effekt auftritt, und dann entsprechend gegensteuert. Dies ist auch gut so, da wir aus einer Vielzahl von Forschungsarbeiten wissen, dass Personen systematisch schlechtere Entscheidungen treffen bzw. schlechte Entscheidungen nicht mehr revidieren, wenn sie nur positive unterstützende Informationen berücksichtigen, nicht aber kritische widersprechende Informationen. Dieses Beispiel soll zeigen, wie wichtig es ist, dass Menschen bewussten Zugang zu ihren eigenen kognitiven (Denken) und affektiven (Fühlen) Prozessen bekommen, denn dann sind sie in der Lage, gegenzusteuern. Im nächsten Abschnitt wird kurz umrissen, mit welchen modernen psychologischen Techniken dies effizient möglich ist.

Schritt 3 – Einsatz psychologischer Techniken zum realistischen Menschen 2.0

Wenn Menschen die psychologischen Mechanismen kennen (Wissen) und zugleich auch bei ihrem eigenen Denken und Fühlen systematisch erkennen können (Selbstreflexion), dann ist es an der Zeit, ihnen Techniken an die Hand zu geben (De-Biasing-Techniken), die sie in ihrer Informationsverarbeitung und Entscheidungstätigkeit ausgewogener machen. Menschen setzten diese Techniken subtil und unbewusst schon seit langer Zeit ein – lange bevor es eine wissenschaftlich-empirische Psychologie gab. Beispielsweise musste es ein römischer Feldherr nach erfolgreicher Schlacht bei seinem Triumphzug ertragen, dass hinter ihm ein Sklave stand der ihm permanent ins Ohr flüsterte: „Vergiss nicht, dass Du nur ein Sterblicher bist!“ Dies ist ganz klar eine De-Biasing-Technik, die verhindern soll, dass der Selbstwert des Feldherrn „abhebt“ und ihn arrogant und blind für Gefahren in der nächsten Schlacht macht. Auf Gruppenebene kann man hier auch das von den alten Griechen erfundene demokratische Prinzip anführen. Aus der modernen Forschung wissen wir, dass Gruppen nur dann gute Entscheidungen treffen und ausgewogen entscheidungsrelevante Informationen verarbeiten, wenn sie heterogen aufgestellt sind (Schulz-Hardt et al., 2000). D.h., je mehr verschiedene Meinungen und Perspektiven in eine Gruppenentscheidung einfließen, umso wahrscheinlicher ist es, dass die Gruppe bei ihrer Entscheidung keinen Fehler macht. Drei Beispiele für Techniken, die realistisches und humanistisches Verhalten fördern: Consider-the-opposite-Technik (Lord, Lepper & Preston, 1984); Advocatus Diaboli (für Gruppen); Pre-Mortem-Methode (Kahneman, 2010).

Consider-the-Opposite-Technik: Bei dieser psychologischen Methode „zwingt" man das kognitive System, „auf die andere Seite" zu denken. In anderen Worten: „Consider the opposite" (das Gegenteil berücksichtigen) bedeutet in der Praxis, dass sich Personen aktiv dazu selbst auffordern sollen, Argumente zu generieren, die gegen ihre eigene Position sprechen. Man hinterfragt sich also und stellt sich die Welt so vor, als hätte man nicht recht. Wissenschaftliche Forschungen (Lord, Ross & Lepper, 1979) zeigen, dass Personen dann wesentlich ausgewogener in ihrer Wahrnehmung der Welt werden, weniger stark davon überzeugt sind, Recht zu haben und insgesamt realistischer auf die Welt sehen.

Die *Advocatus-Diaboli-Technik* ist ganz ähnlich der Consider-the-Opposite-Technik, nur wird sie in Gruppen angewendet. D.h. bei Gruppendiskussionen und Gruppenentscheidungen wird jeweils eine Person bestimmt, die den Auftrag bekommt, dafür zu sorgen, dass die Gruppe sich nicht zu wohl fühlt. Der Advocatus Diaboli soll so viele Gegenargumente gegen den Gruppenplan finden wie möglich, stören, dagegen sein und Verzerrungen in der Informationsverarbeitung der Gruppe anprangern. Dies führt ähnlich wie bei der Consider-the-Opposite-Technik zu einer ausgewogeneren entscheidungsbezogenen Informationsverarbeitung und erhöht letztendlich signifikant die Entscheidungsqualität über das Einbringen von inkonsistenten Informationen (vgl. auch Kray & Galinsky, 2003).

Die *Pre-Mortem-Methode* erhöht ebenfalls die Qualität der Realitätswahrnehmung von Menschen. Folgendermaßen wird hier vorgegangen: Wenn Gruppen oder Einzelpersonen eine Entscheidung getroffen haben, dann überlegen sie sich unmittelbar den „*worst case*", der bei der praktischen Umsetzung der Entscheidung heraus kommen kann. Sie zäumen das Pferd sozusagen von hinten auf. Wenn man sich dann diesen *worst case* genau vorgestellt hat, dann überlegt die Gruppe, welche Ereignisse oder Probleme dazu geführt haben könnten. Schritt für Schritt wird also hypothetisch rekonstruiert, wie es zu dem Unglück hatte kommen können. Zunächst fühlen sich Menschen nicht gut, wenn sie über mögliche Probleme ihrer Entscheidung nachdenken sollen. Nach einer Zeit fühlen sie sich aber besser als je zuvor, weil das Gefühl in ihnen entsteht, alles genau bedacht zu haben und mit erhöhter Wahrscheinlichkeit eine richtige Entscheidung getroffen zu haben.

Situative Strategien: Menschen brauchen mehr Kontrolle über ihre Umwelt

Aus unserer Sicht ist ein weiterer Erfolgsfaktor für eine bessere und friedlichere Welt die gefühlte Kontrolle der Menschen über ihre Umwelt. Der Begriff Kontrolle ist hier jedoch aus psychologischer Perspektive positiv zu verstehen. Menschen wollen gerne die gefühlte Kontrolle über sich selbst sowie ihre Umwelt haben (Jack Brehm, 1964; siehe auch Frey & Gaska, 1993). Damit ist nicht Kontrolle im Sinne von Macht über andere gemeint, sondern, dass sich Menschen Dinge erklären können (Ursache und Wirkung; Erklärbarkeit), Dinge vorhersehen können (Vorhersehbarkeit) und Dinge verändern können (Beeinflussbarkeit). Geht ihnen diese subjektiv wahrgenommene Kontrolle verloren, so erleben sie ein unangenehmes Gefühl, gleichsam einen Spannungszustand. Um dieses Gefühl wieder los zu werden, strukturieren sie ihre Gedanken so um, dass für sie subjektiv die Welt konstant bleibt. Jetzt ist es natürlich schwer, diesen Mechanismus „abzuschalten“. Allerdings können wir ein kognitives Konkurrenzsystem aufbauen. Diese menschliche Möglichkeit, neue kognitive Strukturen aufzubauen, nennt man in der modernen neurowissenschaftlichen Forschung „Plastizität“. Wir haben häufig wenig Kontrolle über bereits angelegte kognitive Mechanismen, wir können aber neue Mechanismen aufbauen, die die alten teilweise hemmen oder in eine andere Richtung beeinflussen.

Das Gefühl von fehlender Kontrolle ist für den modernen Menschen ein unangenehmer Zustand, der zu allerlei interessanten psychologischen Effekten führt. Wenn wir Dinge nicht erklären können, dann haben wir Angst. Wir fühlen uns verletzlich und ausgeliefert. Dieser unangenehme psychologische Zustand soll abgebaut, reduziert werden – und nicht selten führt er zu mehr autoritärem, inhumanem Verhalten (zum Beispiel Fischer et al., 2006). Es gibt verschiedene Möglichkeiten zur Wiederherstellung des Gefühls von Kontrolle: Ich kann versuchen, die Kontrolle objektiv wieder herzustellen, meine Umwelt so zu beeinflussen, dass ich den gewünschten Zustand wieder zurückbekomme. Die zweite, weitaus häufiger auftretende Möglichkeit ist, dass ich keine objektive Kontrolle über die Dinge erlangen kann, etwa wenn ich schwer erkranke oder meinen Job aufgrund einer betriebsbedingten Kündigung verloren habe. Die einzige Möglichkeit in dieser Situation ist, die objektive unveränderbare Welt so umzuinterpretieren, dass ich zumindest das Gefühl von Kontrolle habe. So auch beim unausweichlichen Tod. Er macht uns Angst und ist in seiner letzten Konsequenz unveränderbar, unkontrollierbar. Wir können zwar in die medizinische Forschung investieren oder gesund leben (und damit den Tod im Idealfall zeitlich immer weiter hinausschieben). Letztendlich sterben werden wir aber dennoch alle – die einen früher, die anderen aufgrund kontrollierter gesunder Lebensweise oder einfach Glück („gute Gene“) später. Was können wir psychologisch also tun, um die Unausweichlichkeit des Todes zumindest subjektiv kontrollierbar zu machen? Wir erfinden ein metaphysisches oder religiöses System, in dem ein Leben nach dem Tod postuliert wird. Es ist spezifisch menschlich, unkontrollierbare Dinge subjektiv kontrollierbar zu machen.

Warum ist das Gefühl von Kontrolle für den Menschen so wichtig? Ältere Tierexperimente geben hier bereits erste Anhaltspunkte. Beispielsweise hat Curt Richter (1957) in einem Rattenexperiment zeigen können, dass das Gefühl von Kontrolle bereits bei Säugetieren ganz erstaunliche Auswirkungen haben kann (Seligman, Maier, & Geer, 1968). „Richter entdeckte, dass wilde Ratten, wenn er sie so lange fest in der Hand gehalten hatte, bis sie aufgehört hatten zu zappeln, und sie dann in einen Wasserbehälter ohne Fluchtmöglichkeit setzte, innerhalb von 30 Minuten ertranken, während Ratten, die nicht festgehalten worden waren, 60 Stunden schwimmen konnten, bevor sie ertranken.“ (Seligman, 1999, S. 45).

Dies ist ein ganz erstaunliches Ergebnis und kann von der Kontrolltheorie erklärt werden. Ins Wasser geworfen zu werden, ist für den Organismus ein aversiver, unangenehmer Reiz von außen, der natürlich als massiver Kontrollverlust erlebt wird. Der Organismus reagiert mit Strampeln als eine Möglichkeit, den Kontrollverlust wieder rückgängig zu machen und festen

Boden unter die eigenen Füße zu bekommen. Wenn der Organismus erlebt, dass dies zumindest einmal Erfolg hat, dann ist diese Erfolgserfahrung (Kontingenz) ein so eindrückliches Erlebnis, dass mit extremem weiteren Energieaufwand ums eigene Überleben gekämpft wird. Erlebt der Organismus allerdings nie Kontingenz (also so sehr ich auch strample, ich komme hier nie raus), so reagiert der Organismus mit *erlernter Hilflosigkeit* und gibt auf. Genau dieser Effekt konnte in diesem Experiment beobachtet werden. Jetzt ist es interessant zu wissen, dass das Gehirn der Ratte mit dem alten Urgehirn des Menschen ziemlich identisch ist. Gleiche Effekte erwarten wir also auch beim Menschen. Und die Forschung bestätigt dies: Erlebte, subjektive Kontrolle ist für den Menschen „überlebenswichtig" in jeglicher Hinsicht.

Die Bedeutung der erlebten Kontrolle kann man sehr schön an den Ergebnissen der sogenannten Altersheimexperimente sehen. In einer Studie sollte untersucht werden, wie sich das Gefühl von Kontrolle auf Krankheitsstatus und Lebenserwartung von Senioren in Altersheimen auswirkt (Langer & Rodin, 1976). Hierzu generierten Ellen Langer und Judith Rodin folgenden Versuchsaufbau. Die Bewohner eines Altenheims bekamen eine eigene Pflanze in ihr Zimmer. Die eine Hälfte der Bewohner wurden instruiert, dass sie sich selbst um die Pflanze kümmern und sie gut pflegen sollen. Die andere Hälfte der Bewohner bekam ebenfalls eine Pflanze, diese wurde allerdings vom Pflegepersonal gegossen und anderweitig gepflegt. Es zeigte sich, dass diejenigen Bewohner, die sich selbst um die Pflanze kümmern durften, also ein erhöhtes Gefühl von Kontrolle entwickelten, signifikant gesünder waren und länger lebten als diejenigen Bewohner, die diese Kontrollerfahrung über die Pflanze nicht hatten.

In einer weiteren Studie wurde Kontrolle anderweitig manipuliert: Die eine Hälfte der Bewohner durfte sich selbst aussuchen, wann sie einmal pro Woche vom Zivildienstleistenden besucht wurde, während die andere Hälfte der Bewohner nur informiert wurde, wann sie der Zivildienstleistende in den folgenden Wochen besuchen würde. Die erste Gruppe hatte also Kontrolle über den Besuch, während die zweite Gruppe keine Kontrolle über die Besuchszeiten hatte. Auch hier war es so, dass die erste Gruppe mit höherer Kontrolle im Verlauf der Studie gesünder war und im Mittel länger lebte als die Bewohnergruppe mit niedrigerer Kontrolle über den Betreuerbesuch. Zusammenfassend zeigen diese Studien deutlich, dass das Gefühl von Kontrolle für uns Menschen außerordentlich wichtig ist, um gesund und handlungsmotiviert zu bleiben. Zudem wird im Zustand der gefühlten Kontrolle die menschliche Lust am Leid anderer signifikant reduziert.

Was bedeutet dies nun für die Praxis? Menschen sollten sich auf jene Bereiche fokussieren, die sie tatsächlich kontrollieren und beeinflussen können. Dies trifft beispielsweise für den Arbeitskontext zu. Gerade neuere Analysen zu Motivation und Gesundheit am Arbeitsplatz zeigen, dass dies ein besonders sensibler und zentraler Bereich für menschliches Wohlbefinden ist.

Frauen an die Macht

Ein weiterer wichtiger Punkt mit Hinblick auf die Fragilität des Friedens betrifft die Machtverteilung zwischen Frauen und Männern. Männer sind für gut 96 Prozent aller Gewaltverbrechen auf dieser Welt verantwortlich (Fischer et al., 2013). Männer sind vor allem im Alter von 16 bis 29 Jahren wesentlich und auch später im Durchschnitt risikobereiter als Frauen (Byrnes, Miller & Schafer, 1999). Fast alle Kriege wurden von Männern provoziert und begonnen. Diktatoren und Massenmörder waren fast immer Männer. Egal, wohin man sieht, ob Gesellschaft, Wirtschaft oder Politik: Es fehlen Frauen, die als Regulativ wirken gegen männliche Selbstüberschätzung, Risikobereitschaft und Gewalt. Es mag für Männer nicht angenehm sein, sich diesen Statistiken zu stellen. Aber der geringe Anteil an Frauen in Executive- und anderen Führungspositionen ist nicht nur eine unglaubliche Ungerechtigkeit, sie schadet auch insgesamt dem friedlichen Zusammenleben von Menschen auf der ganzen Welt. Natürlich können wir nicht wissen, wie es wäre, wären die Verhältnisse umgekehrt. Doch es finden sich zahlreiche Belege für die Annahme, dass unsere Welt friedlicher wäre und unser Frieden weniger fragil, mit mehr Frauen in den jeweils relevanten Entscheidungspositionen.

Psychologisches Wissen über Denken, Fühlen und Verhalten

In unseren Seminaren stellen wir häufig die Frage, was denn eigentlich der Unterschied zwischen Gedanken, Emotionen und tatsächlichem Verhalten ist. Traurigerweise können selbst gestandene Führungskräfte, die zum Teil seit mehr als zwanzig Jahren fast ausschließlich mit Menschen arbeiten, diese Frage kaum beantworten. Es kommen Antworten wie zum Beispiel „Emotionen kommen von außen und Gedanken von innen“. Oder „Emotionen kann man nicht steuern, aber Gedanken schon“. Bei der Frage, was denn wirklich verhaltenswirksam ist, sind die Antworten oft noch katastrophaler. Es wird zum Beispiel geantwortet, dass Verhalten nur von Emotionen nicht aber von Kognitionen gesteuert wird oder umgekehrt. Dieses Unwissen hinsichtlich des Aufbaus der menschlichen Psyche kann man natürlich nicht den Menschen anlasten, sondern unserem schulischen und beruflichen Bildungssystem. Bis heute sind die Grundlagen der wissenschaftlichen Psychologie nicht standardmäßig in Lehrplänen oder Ausbildungscurricula verankert. Da verwundert es natürlich nicht, dass sich kaum jemand mit der Psyche des Menschen auskennt.

Nun haben wir tagtäglich mit Menschen zu tun. Wir müssen uns selbst und andere Menschen motivieren, informieren, anleiten. Aber nicht nur der Umgang mit anderen Menschen erfordert Grundkenntnisse in

Psychologie, sondern auch der Umgang mit sich selbst. Wir müssen zunächst lernen, wie wir selbst funktionieren, um zu verstehen, wie man andere Menschen in positiver Weise anleiten und positiv beeinflussen kann. Dies nennen wir, „sich selbst führen können". Dabei ist sich selbst führen zu können die Grundlage dafür, dass man auch andere Menschen führen kann. In anderen Worten: Nur wenn ich mein eigenes kognitives System grundlegend verstehe, kann ich auch die kognitiven Systeme anderer verstehen.

Was ist Denken (Kognition)?

Wir erleben Denken subjektiv als Gedanken, die uns bewusst werden. Wenn wir zum Beispiel über Probleme nachdenken oder uns überlegen, wie wir den morgigen Arbeitstag gestalten sollen. Unter Denken versteht man kognitive Prozesse, die zu konkreten Bewusstseinsinhalten führen und für uns selbst reflektierbar bzw. erfahrbar werden. In der Tat kommt uns Denken häufig als ein rationaler, logischer Prozess vor, der von uns beeinflussbar ist. Das aber ist häufig eine Illusion. Forscher wie zum Beispiel John Bargh gehen davon aus, dass 90 Prozent plus x des menschlichen Denkens und Verhaltens automatisch ablaufen. Wie bereits besprochen geht man hier von einem zweiteiligen System aus. System I ist nicht bewusst, System II dagegen ist das, was wir subjektiv als freien Willen wahrnehmen, wenn wir zum Beispiel Mathematikaufgaben lösen oder uns entscheiden, in welches Restaurant wir gehen sollen. Dieses System kann auch gleichgesetzt werden mit unserem Kurzzeitspeicher, der in der Regel 7 plus minus 2 Items/Gegenstände/Inhalte (Pakete) gleichzeitig repräsentieren kann. Man spricht hier auch von Gedächtnisspanne. Was ist damit gemeint? Ein Beispiel: Wenn Sie gebeten werden, sich verschiedene Inhalte zu merken, dann können Sie sich umso mehr merken, je mehr Sie bündeln können. Etwa folgendermaßen: Sich die folgende Zahlenreihe zu merken, wird den meisten recht schwerfallen:

4711911241219890007. Lassen sich jedoch inhaltlich sinnvolle Pakete schnüren, fällt einem das Behalten der Zahlen schon leichter: 4711 (Parfüm) – 911 (Porsche) – 2412 (Weihnachten) – 1989 (Mauerfall) – 007 (James Bond). Im Durchschnitt liegt die Anzahl der Pakete dann bei etwa 7 plus/minus 2.

Manche Forscher gehen sogar davon aus, dass man die Kapazitätsspanne des Kurzzeitspeichers mit Intelligenz gleichsetzen kann. So kommt es uns subjektiv auch vor. Umso mehr Variablen wir gleichzeitig in unserem Bewusstsein bewegen, rotieren, bearbeiten können, umso schneller und kompetenter können wir Aufgaben lösen. Dies kann man auch als Intelligenz bezeichnen. Im Gegensatz zu System II ist System I relativ vollautomatisch strukturiert. Man kann System I auch als Breitband-Datenautobahn bezeichnen. Das kognitive System kann in System I mühelos eine nahezu unbegrenzte Menge an Daten verarbeiten, ohne dass wir uns anstrengen müssen. Wir könnten beispielsweise nicht auf einer uns unbekannten Straße fahren, wenn es diesen vollautomatischen Autopiloten nicht gäbe. Viel zu viele unbekannte oder zu berechnende Variablen würden uns handlungsunfähig machen, zum Beispiel Neigungswinkel der nächsten Kurve, Stellung des Lenkrades, Fahrbahnbeschaffenheit, Luftdruck in den Reifen, Neigung der Straße etc. Uns kommt dies subjektiv aber nicht anstrengend vor. Im Gegenteil: Viele Menschen erleben Autofahren sogar als entspannend. Ursache dafür ist unser System I, der vollautomatische Autopilot.

Wir können dem Autopiloten also eigentlich dankbar sein, dass er unser Denken, Fühlen, Entscheiden und Handeln zu einem großen Teil mitsteuert. Aber es macht uns natürlich auch Angst zu akzeptieren, dass ein Großteil unserer psychischen bzw. kognitiven Prozesse ohne unser Zutun abläuft. Dies können manche Menschen nicht akzeptieren und lehnen die moderne akademische Psychologie als Ratgeber deshalb ab. Sie flüchten sich lieber in religiöse oder esoterische Weltsichten, die ihnen das zweifelhafte Gefühl von Kontrolle über ihr psychisches System erhalten. Unser kognitives System ist im Laufe der Evolution des Menschen genauso entstanden wie alle anderen physischen Merkmale des Menschen auch. So wie sich unsere Arme und Beine als funktional im Kampf ums Überleben herausgestellt haben und deshalb von der Natur beibehalten wurden, so haben sich unsere kognitiven Prozesse, Emotionen, Entscheidungsheuristiken in der Evolution als funktional fürs Überleben des Individuums herausgestellt. Und genau deshalb gibt es das psychische System des Menschen, so wie wir es heute erleben. Wir müssen also keine Angst vor unserem psychischen Apparat haben, sondern wir müssen dankbar sein, dass es ihn gibt so wie er ist. Unser Gehirn ist das Produkt eines langen Evolutionsprozesses, und es arbeitet für uns, nicht gegen uns – auch wenn wir nicht immer das Gefühl haben, dass wir unser kognitives System so leicht kontrollieren und steuern können wie zum Beispiel unsere Hände oder Beine – was auch der Fall ist.

Ein neuronales Netzwerk

Unser kognitives System ist als neuronales Netzwerk aufgebaut. Es beherbergt ca. 100 Milliarden Nervenzellen, die in komplexer Weise miteinander verknüpft sind. So besitzt jedes Neuron im Schnitt 1000 Verbindungen zu anderen Neuronen. Sie können sich vorstellen, welche unglaubliche Rechenkapazität auf diese Weise in unserem kognitiven System erzeugt werden kann. Bis heute ist es nicht möglich, die Rechenkapazität eines einzigen Gehirns mit noch so leistungsfähigen Computern zu simulieren. Die Natur hat hier also ein geniales Werkzeug geschaffen, das wir aber noch besser verstehen lernen müssen. Die moderne Psychologie macht seit fünfzehn Jahren extreme Fortschritte im tieferen Verständnis der Funktionsweise unseres Gehirns. Das Gehirn ist die neurochemische Grundlage für unser kognitives System. Naturwissenschaftlich betrachtet ist unsere Psyche nichts anderes als komplexe Sequenzen neurochemischer Prozesse. Nicht mehr und nicht weniger. Dass es aber überhaupt so ein brillantes System gibt, ist ein Wunder.

Aus einer wissenschaftlich-psychologischen Sichtweise ist die Idee einer Seele oder anderer transzendenter Konstrukte vollkommen abwegig. Mittlerweile lässt sich nicht einmal mehr der Unterschied zwischen Geist und Körper aufrechterhalten: Geist ist genauso Körper wie unsere Arme oder Beine. Geist ist ein subjektives Produkt von hundert Milliarden Nervenzellen, die auf neuro-chemisch-elektrischer Basis arbeiten. Diese Perspektive anzunehmen fällt vielen Menschen schwer.

Unser kognitives System ist ein unglaublich komplexes neuronales Netzwerk. Daraus ergibt sich ein häufig auftretender psychologischer Effekt, den wir *Priming* nennen. Unter Priming versteht man die Beeinflussung der Verarbeitung eines Reizes durch einen vorausgehenden Reiz. Hierdurch werden Konzepte wie zum Beispiel Aggression, Höflichkeit oder Kooperation im Gehirn aktiviert, woraufhin die Wahrscheinlichkeit steigt, dass auch entsprechendes Verhalten gezeigt wird. Lassen Sie uns dies am Beispiel Aggression verdeutlichen: Seit vielen Jahrzehnten sind Psychologen mit der Frage beschäftigt, ob aggressive, gewaltdarstellende Medieninhalte Konsumenten wirklich aggressiver machen. Ungefähr 90 Prozent aller durchgeführten Studien zeigen diesen Effekt tatsächlich. Probanden, denen man aggressive Filme oder Videospiele zeigt, reagieren im Anschluss zum Beispiel auf eine Beleidigung aggressiver als Probanden, die keine aggressiven Inhalte konsumiert haben. Wie funktioniert dieser Effekt? Wenn das kognitive System durch seine externe Umwelt an Aggression erinnert wird, steigt die Bereitschaft für Aggression im neuronalen Netzwerk an. Was heißt das? Das kognitive System geht bei Konfrontation mit einem aggressiven Stimulus aus der Umwelt davon aus, dass es wahrscheinlicher wird, dass der Organismus aggressives Verhalten in Kürze zeigen muss (zum Beispiel, um sich gegen einen Feind zu verteidigen). Um dies zu gewährleisten, aktiviert das kognitive System im Rahmen seines neuronalen Netzwerkes alles, was es zu Aggression weiß und kann. Es werden kognitive Verhaltensskripts aktiviert, aggressive Gedanken und aggressionsbezogene Emotionen wie zum Beispiel Wut und Ärger. Zusammen erhöhen diese Aktivierungsprozesse die Wahrscheinlichkeit, dass der Organismus effektiv und schnell aggressives Verhalten zeigen kann. Eindrucksvoll zeigt sich dieser Primingprozess beim sogenannten *Waffeneffekt* von Leonard Berkowitz: Er konnte zeigen, dass die Anwesenheit einer Waffe – und sei es auch nur auf einem Bild im Versuchslabor die Wahrscheinlichkeit drastisch erhöht, dass Personen im Experiment aggressives Verhalten zeigen (Berkowitz & LePage, 1967).

In einem anderen Experiment ließen Forscher die Versuchspersonen Lückenwörter ausfüllen. Diese Lückenwörter hatten entweder etwas mit höflichem Verhalten zu tun (zum Beispiel „Zurückhaltung", „zuvorkommend", „freundlich",) oder mit unhöflichem Verhalten (zum Beispiel „frech", „unverschämt", „vorlaut"). Im Anschluss daran wurden die Versuchspersonen gebeten, an einer Diskussionsrunde teilzunehmen. Es zeigte sich, dass Versuchspersonen, die zuvor Wörter zur Unhöflichkeit verarbeiteten, dem Gegenüber in der Diskussion schneller ins Wort fielen als Personen, die mit Wörtern zur Höflichkeit „geprimet" wurden.

Sie können ein Priming auch einmal selbst testen: Bitte beantworten Sie hier spontan folgende Fragen: Welche Farbe hat Schnee? Welche Farbe haben Wolken am Himmel? Welche Farbe hat Kreide üblicherweise? Welche Farbe hat ein normales Blatt Papier? Was trinkt eine Kuh? Selbst wenn Sie dieses Beispiel bereits kennen, ist es sehr wahrscheinlich, dass Sie geneigt sind auf die letzte Frage mit „Milch“ zu antworten. Das trifft aber nur auf Kälber zu. Kühe geben Milch und trinken Wasser. In unserem Gehirn ist jedoch die Farbe „weiß“ stärker mit „Kuh“ und „Milch“ verknüpft. An Wasser denken wir hier erst einmal nicht.

Sie sehen also, dass Primingprozesse universell in unserem kognitiven System ablaufen und sich auf alle möglichen inhaltlichen Konzepte beziehen können. Warum sind Primingprozesse in der Evolution des Gehirns entstanden? Durch Primingprozesse kann das Gehirn in Sekundenschnelle Informationen zu bestimmten Situationen bereitstellen, die wiederum zur Lösung der Situation hilfreich sein können. Priming ist einfach eine sehr funktionale Möglichkeit der Informationsbereitstellung und Verhaltensplanung. Warum ist dieses Wissen für den Effekt des Wohlstandsübermutes relevant? Wir sollten uns bewusst sein, dass wir uns oft leichter lenken lassen, als es uns lieb ist. Unsere Anfälligkeit für Priming ist sehr stark ausgeprägt. Magier und Mentalisten arbeiten ebenso bewusst mit diesen menschlichen Prozessen wie Politiker und Werbefachleute. Das Bewusstmachen der von der jeweiligen Person aktivierten Inhalte kann dabei helfen, manch einem Meinungsmacher nicht unreflektiert zu folgen.

Was ist Fühlen (Emotion)?

Die meisten Menschen haben Probleme, zwischen Emotion und Kognition zu trennen. Subjektiv kommt es uns natürlich oft so vor, als ob beide Konstrukte eng miteinander verbunden sind und sich gegenseitig beeinflussen oder bedingen. In der Tat sind hier alle Wirkrichtungen möglich. Manchmal denken wir über Probleme nach (Kognition) und plötzlich bekommen wir Angst (Emotion), dass wir das Problem nie in den Griff bekommen werden. Manchmal ist es aber auch umgekehrt. Wir stehen auf und fühlen uns irgendwie komisch (Emotion) und beginnen dann darüber nachzudenken, was denn eigentlich los ist (Kognition). Mit hoher Wahrscheinlichkeit werden wir einen Grund finden, ob es nun der tatsächliche Grund ist oder nicht. Manchmal entstehen Emotionen auch ohne Grund; dennoch wollen wir Menschen natürlich immer eine Begründung finden. Und meistens gelingt das auch. Hierzu gibt es eindrucksvolle Forschung im Bereich „Fehlattribution von Erregung“. Nur ein Beispielexperiment: Eine sehr attraktive Versuchsleiterin hat Männer entweder auf einer wackeligen Hängebrücke oder nach Verlassen der Hängebrücke gebeten, einige kurze Fragen zu beantworten. In Wirklichkeit interessierte die Versuchsleiterin nur, wie viele Männer unter der einen und unter der anderen Bedingung nach ihrer Telefonnummer fragen würden. Die Frage nach der Telefonnummer wurde in der Art interpretiert, dass sich die Männer in die äußerst attraktive Versuchsleiterin verliebt hätten und diese eben gerne wiedersehen würden. Was glauben Sie? Haben die Männer auf der Hängebrücke oder solche, die die Hängebrücke schon hinter sich hatten, häufiger nach der Telefonnummer der Versuchsleiterin gefragt? In der Tat hatten Männer auf der Hängebrücke häufiger gefragt. Warum? Auf der Hängebrücke erlebten die Männer physiologische Erregung, weil es ein Ausnahmezustand ist, weil man Angst hat, dass die Brücke abreißen könnte, weil es einfach aufregend ist. Diese relativ neutrale physiologische Aufregung hatten die Männer auf die attraktive Frau zurückgeführt. Sie hatten ihren eigenen erregten emotionalen Zustand auf die Frau attribuiert und daraus geschlossen, dass sie sich wohl in die attraktive Frau verliebt hätten und diese deshalb gerne wiedersehen würden. Die Studienteilnehmer hatten also für ihren emotionalen Zustand eine inhaltlich kognitive Erklärung gesucht und diese auch gefunden.

Was bedeuten diese Erkenntnisse für den Kontext des Wohlstandsübermutes? Wir lernen aus Studien wie dieser, dass Emotionen oft recht unspezifisch sein können und Menschen nach Ursachen suchen, auf die sie ihre Emotionen zuschreiben können. Relevant ist hierbei zu erwähnen, wie gut wir darin sind, Begründungen zu finden. Denn es entspricht unserem automatischen Denken, nach bestätigenden Informationen zu suchen. Denken Sie allein an den Barnum-Effekt, der in Horoskopen genutzt wird. Der Effekt beschreibt die menschliche Tendenz, allgemeingültige Aussagen über die eigene Person so zu interpretieren, dass sie als zutreffend wahrgenommen werden. Dieses Phänomen wurde ursprünglich von Paul Meehl und später insbesondere von Bertram Forer untersucht. In einem Experiment beispielsweise mussten die Teilnehmer einen Persönlichkeitstest ausfüllen. Danach bekam jeder Teilnehmer seine (angeblich) persönliche Auswertung und sollte diese danach bewerten, wie gut sie auf sie/ihn zutrifft: Auf einer Skala von 0 = trifft gar nicht auf mich zu bis 5 = trifft voll und ganz auf mich zu. Die angebliche, persönliche Auswertung war jedoch in Wirklichkeit stets die gleiche und vollkommen unabhängig vom vorausgehenden Persönlichkeitstest. Doch der Durchschnittswert der Teilnehmer lag bei 4,25. Das heißt: Nahezu alle Personen fanden sich mit demselben Text, den alle bekommen hatten in ihrer individuellen Persönlichkeit sehr gut beschrieben (Forer, 1948).

Warum ist dieses Wissen, wie wir denken und fühlen, so wichtig? Wir sollten uns bewusst darüber sein, dass wir stark dazu neigen, das zu sehen (denken), was wir sehen wollen, was sich gut anfühlt für uns. Das können wir auch sehr gut. Unser Gehirn ist darauf ausgelegt, Erklärungen zu finden. Dabei fallen uns Erklärungen, die zu unserem Denken passen, schneller ein und erscheinen uns auch plausibler, als jene, die unserem Denken widersprechen. Das aber macht es oft schwierig, eine objektive Haltung einzunehmen. Auch wenn wir uns häufig für sehr objektiv und zum Beispiel vorurteilsfrei halten. Das ist jedoch aufgrund unserer Emotionen, Persönlichkeit, sozialen Eingebundenheit und Vorurteilen, die wir öfter haben, als wir oft meinen, kaum möglich.

Wie beeinflussen Gedanken und Gefühle das Verhalten von Menschen?

Grundsätzlich und subjektiv gehen wir Menschen davon aus, dass wir zunächst Denken und Fühlen und diese Phänomene dann die Ursachen für unser Verhalten sind. Wenn wir uns also überlegen, ein neues Auto zu kaufen, dann wägen wir kognitiv pro und kontra ab und horchen auch in uns hinein, welche Emotionen das Auto in uns erzeugt (zum Beispiel, ob uns das Design anspricht). Dies klingt plausibel und entspricht unserer subjektiven Erfahrungswelt. Allerdings ist diese Erfahrung, dass unsere Gedanken und Emotionen unser Verhalten leiten, nur die eine Seite der Medaille, also nur eine Möglichkeit, wie menschliches Verhalten funktioniert. Eine Vielzahl von psychologischen Studien zeigt, dass es in bestimmten Fällen auch anders herum laufen kann: Wir zeigen ein bestimmtes Verhalten und im Nachhinein wird ihm von unserem kognitiven System Sinn verliehen. Die mittlerweile klassische Studie von Benjamin Libet (1979) war für derartige Überlegungen ein Startpunkt. Libet hatte seine Versuchspersonen an ein EEG angeschlossen (damit kann man Hirnströme durch Elektroden auf der Kopfhaut messen) und vor verschiedene Entscheidungsaufgaben gestellt. Aufgabe der Personen war es, immer dann auf eine Taste zu drücken, wenn sie subjektiv dachten, dass sie genau jetzt ihre Entscheidung getroffen haben. Libets interessantes Ergebnis war, dass die EEG-Maschine bereits signifikant vor der subjektiv bewussten Entscheidung der Probanden Aktivität im Gehirn gezeigt hat. Ähnliche Studien wurden später auch mit funktioneller Kernspintomographie gezeigt und weisen ebenfalls in die gleiche Richtung. In anderen Worten: Bevor es uns subjektiv bewusst wird, dass wir eine Entscheidung getroffen haben, arbeitet unser Gehirn bereits an dieser Entscheidung. Für viele Wissenschaftler mit deterministischen Weltansichten ist dieser Befund Wasser auf deren Mühlen. Der Determinismus geht davon aus, dass menschliches Erleben und Verhalten grundsätzlich festgelegt ist und unser Bewusstsein lediglich im Nachhinein Sinn aus der Wahrnehmung des eigenen Verhaltens macht. Für einen Deterministen stellt sich grundsätzlich immer die Frage, warum sich die Natur den Luxus unseres hochkomplexen und stark energieverbrauchenden Gehirns gemacht hat. Etwa 20 Prozent der Körperenergie wird vom Gehirn benötigt, v. a. von dem Teil des Gehirns, der für die Entstehung von Bewusstsein zuständig ist – dem Neokortex, er beansprucht etwa 90 Prozent davon. Relativ zum gesamten Körper ist das ein enormer Energieverbrauch, denn das Gehirn macht etwa nur zwei bis drei Prozent unseres Gewichtes aus. Der Neokortex ist im Laufe der Evolution über unser Urgehirn gewachsen, welches ziemlich identisch ist mit dem Gehirn aller anderen Säugetierarten, zum Beispiel der Ratte. Eine Erklärung dafür ist die Möglichkeit, dass sich unser Bewusstsein deshalb entwickelt hat, weil es ermöglicht, andere Bewusstseine zu simulieren. Wenn ich also andere Bewusstseine besonders gut simulieren kann, dann habe ich im Sinne der Evolutionstheorie von Charles Darwin einen Vorteil zum Beispiel gegenüber meinen Feinden. Ich kann dann mit höherer Wahrscheinlichkeit korrekt vorhersagen, wo mich mein Feind womöglich angreifen wird. Oder aber ich kann besser abschätzen, ob mich mein Handelspartner betrügen wird oder ob er ehrlich ist. Nicht zuletzt deshalb können Menschen auch lügen und Lügen erkennen. Beides, Lügen und das Erkennen von Lügen, hat uns im Zuge der Evolution Überlebensvorteile geboten.

Warum ist dieses Wissen wichtig für den Effekt des Wohlstandsübermutes? Es ist wichtig zu wissen, dass unser Gehirn oft schon eine Entscheidung getroffen hat, auch wenn wir davon bewusst gar nichts mitbekommen haben. Weil wir uns beispielsweise für etwas Bestimmtes interessieren, hat unser Gehirn schon lange entschieden, dass wir für diese Informationen besonders offen sind.

Menschen brauchen die Möglichkeit, kognitive Spannungen abzubauen

Was passiert in den Köpfen der Menschen, deren Überzeugungen nicht zur Realität passen? Um diese Frage zu beantworten, schlossen sich Leo Festinger und seine Kollegen einer esoterischen Sekte an, die von Dorothy Martin geleitet wurde. Martin behauptete, sie würde Nachrichten von Außerirdischen (vom Planeten Clarion) empfangen. Darin wurde sie gewarnt, dass am 21.12.1954 eine Flut kommen würde, bei der alle Menschen sterben werden – aber nicht sie und ihre Anhänger. Sie würden von UFOs gerettet werden. Manche der Mitglieder kündigten ihre Arbeitsverträge und verkauften ihren Besitz – in der Vorbereitung auf die Apokalypse. Als der Untergang und auch die UFOs ausblieben, war die Gruppe – so würde man meinen – blamiert und ihre Gedankengerüst eingestürzt. Doch das Gegenteil war der Fall: Der Glaube der Sektenmitglieder wurde nur noch stärker. Denn ihrer Meinung nach waren sie es gewesen, die die Welt mit ihren Gebeten gerettet hatten, indem sie Gott davon überzeugt hatten, die Menschheit zu verschonen. Im Anschluss an diese Erfahrung begannen die Mitglieder leidenschaftlich zu missionieren.

Auf dieser Basis entstand eine der ältesten und wichtigsten psychologischen Theorien, die Dissonanztheorie von Leon Festinger (1957). Sie erklärt das unbehagliche Gefühl, das wir haben, wenn wir mit einander widersprechenden Gedanken, Werten oder Überzeugungen konfrontiert sind, dass dies Konflikte erzeugt und wie wir diese lösen. Üblicherweise kommt es zu kognitiver Dissonanz, wenn neue Informationen nicht zur bestehenden Meinung passen. Eine Überzeugung („Ich finde Partei X super.“) kann beispielsweise mit neuen Informationen („Partei X offenbart sich als radikaler, als mir eigentlich lieb ist.“) in Frage gestellt werden. Dieser Konflikt ist ein unangenehmer Gefühlszustand, sozusagen ein Spannungszustand, der den betreffenden Menschen dazu motiviert, diese Dissonanz schleunigst abzubauen. Wie macht er das? Hier einige Möglichkeiten:

1. Möglichkeit zur Dissonanzreduktion:
Es werden neue, zur Meinung passende Informationen gesucht und gefunden: „Ah, die Zeitung ‚Regionales Blatt‘ schreibt: Die Partei X hat wieder folgendes Gutes bewirkt – darum geht es doch.“ Da Menschen sehr darin bestrebt sind, ihre Meinung nicht zu ändern, ist es sehr wahrscheinlich, dass sie bei kognitiver Dissonanz besonders offen sind für Argumente, die ihre Meinung bestätigen. Denn sonst müsste man ja zugeben, dass man falsch lag, und die Meinung ändern. Dies machen Menschen ungern und es widerspricht dem menschlichen Bedürfnis nach Selbstwertschutz und Selbstwerterhöhung.

2. Möglichkeit zur Dissonanzreduktion:
Neue Informationen, die der eigenen Meinung widersprechen (wie etwa „Die Partei X ist rechtsextrem.“) werden verdrängt, ignoriert und entkräftigt („Das sind ja nur einzelne Mitglieder, die so extrem sind.“). Auch das können Menschen erstaunlich gut, wenn es ihr Denkmuster schützt. Auch so lässt sich kognitive Dissonanz reduzieren, nämlich schlichtweg durch radikales Verschließen vor Argumenten, die das eigene Bild in Gefahr bringen. Das kann so weit gehen, dass die Wirklichkeit verzerrt wahrgenommen wird.

3. Möglichkeit zur Dissonanzreduktion:
Unangenehme Gedanken werden durch angenehme ersetzt: „Zeitung Z schreibt: Alles nur Übertreibung und Fake-News. Die Partei X ist weit davon entfernt, so extremistisch zu sein, wie sie in den meisten Medien dargestellt wird, und hat nun noch mehr Mitglieder. Die können sich ja nicht alle irren.“ Kognitive Dissonanz lässt sich sehr leicht reduzieren, wenn man nur noch Informationen an sich heranlässt, die zur eigenen Weltsicht passen und im Gegenzug unpassende Informationen entweder abwertet oder komplett vermeidet.

Menschen sollten darum wissen, wie stark psychologische Prozesse sein können, wenn es darum geht, den Selbstwert zu schützen – wie das Beispiel der Sekte um Dorothy Martin zeigt. Zuzugeben, dass man falsch lag und eine Überzeugung neu überdacht hat, ist meist unangenehm und oft leichter gesagt als getan. Angenehmer sind dagegen die zuvor beschriebenen Möglichkeiten zur Dissonanzreduktion – diese laufen auch eher automatisch ab und müssen nicht bewusst angestoßen werden. Das Überdenken der eigenen Meinung aber schon.

Ausblick

Wir glauben an die Veränderbarkeit des Menschen – auch hinsichtlich psychologischer Eigenschaften und Verhaltensweisen von Gruppen. Doch die Veränderung wird sehr wahrscheinlich eine voll reflektierte Selbstveränderung sein (müssen). Menschen können ihre eigenen psychologischen Wahrnehmungen, Bewertungen und Reaktionen erkennen und verändern, indem sie sich diese bewusst machen. Wie bereits erwähnt, werden aus diesem Grund in der sozialpsychologischen Experimentalpsychologie fast immer Coverstories verwendet, also Geschichten, worum es angeblich in dem Experiment geht; in Wirklichkeit geht es fast immer um etwas anderes. Wenn man zum Beispiel aggressives Verhalten untersuchen will, dann würde man den Versuchspersonen nie vor der Studie mitteilen, dass es hier um aggressives Verhalten geht. Ein typisches Paradigma aus der Forschung zur Frustrations-Aggressions-Theorie (Dollard, 1939) ist, dass Personen ins Labor kommen, einen Aufsatz schreiben und dann unverschämt negatives Feedback von einer anderen unbekannten Person bekommen. Man erwartet und beobachtet häufig in dieser Situation, dass die frustrierte Person als Reaktion auf das unverschämte Feedback wiederum aggressiv gegenüber der Quelle des negativen Feedbacks reagiert (*displaced aggression*). Dieser Effekt ist typischerweise zu beobachten, wenn die Versuchspersonen denken, dass es bei dieser Studie zum Beispiel um Marketing oder Arbeitsleistung geht. Würde man den Versuchspersonen vor der experimentellen Situation genau erklären, worum es in der Studie geht und welche psychologischen Prozesse erwartet werden, dann zeigen die meisten Versuchspersonen gar keinen Effekt mehr oder sogar den gegenteiligen, d.h. sie werden dann sogar prosozialer statt aggressiver. Das Verwenden von Coverstories wird in der Wissenschaft kritisch als potenziell unethisch diskutiert, ist aber bei vielen psychologischen Studien unabdingbar, um einigermaßen valide Antworten und Reaktionen von den Versuchspersonen zu bekommen.

Was können wir aus diesen Befunden lernen, um Frieden zu erhalten? Die beste Möglichkeit, die wir aktuell zur Verfügung haben, ist Psychoedukation, also Aufklärung über psychologische Prozesse. Denn ein langfristig friedliches Miteinander ist nicht selbstverständlich und bedarf gewisser bewusster Anstrengungen. Das ist aber in nahezu jedem System, jeder Interaktion, jeder Beziehung so. Wenn wir uns jedoch psychologische Prozesse bewusst machen können, dann können wir uns von ihrem determinierenden Einfluss auf unser Verhalten zumindest besser distanzieren. Wir erkennen beispielsweise, dass wir immer aggressiv werden, wenn unser Partner uns vorwirft, dass wir uns zu wenig um den Haushalt kümmern: zum Beispiel in dem wir aggressive Gedanken und aggressive Emotionen erleben da wir ärgerlich oder wütend sind. Nicht selten kommt es dazu, dass Menschen, sobald sie einmal dieses Aggressionsprogramm aktiviert haben, dieses einfach ablaufen lassen. Sie haben das Gefühl, dass sie nun von Emotionen beherrscht und gesteuert werden. Es scheint ihnen nahezu unmöglich aus diesem Tunnel auszubrechen. Die Motivation, die Meta-Ebene zu betrachten (zum Beispiel, „Um was geht es gerade eigentlich? Ist mein Verhalten angemessen für die Situation?") fehlt oft, oder ist fatalerweise kleiner als die Lust an der Wut. Wenn wir uns allerdings aktiv bewusst machen, dass wir jetzt aggressive Gedanken und Emotionen erleben und auch die Situationsvariablen genau betrachten (was ist passiert, in welchen Situationen werde ich aggressiv, warum tut es mir so weh was mein Partner gesagt hat, etc.), dann wird sich bei den meisten Menschen der Aggressionseffekt ein Stück weit abschwächen. Wir werden dann merken, dass Aggression ein unangenehmes Gefühl ist, dass es gesellschaftlich nicht erwünscht ist und gegen alle möglichen sozialen Normen verstößt. Dies wird dazu führen, dass sich die aggressionsbezogenen Prozesse ein Stück weit abschwächen, da wir mit unserem bewussten System (Kahneman, 2010) gegensteuern.

Übertragen auf die zentrale Fragestellung dieses Buches, nämlich ob wir friedliche Zeiten nur eine bestimmte Zeit lang aushalten, um danach wieder das Bedürfnis nach Konflikt und Zerstörung zu befriedigen, bedeutet dies Folgendes: Wir müssen uns unser Bedürfnis nach Risiko und Konflikt immer wieder bewusst machen. Wenn wir dies tun, dann werden wir irgendwann erkennen, dass Destruktivität in der heutigen Welt nichts mehr zu suchen hat. Ganz im Sinne von Stephen Hawking, der einst sagte, dass Aggression zwar in der evolutionsgeschichtlichen Entwicklung des Menschen extrem wichtig war, sonst hätte uns jeder töten oder vertreiben können und wir hätten unsere Gene nicht mehr erfolgreich in die nächste Generation übertragen können; heute allerdings ist Aggression vielleicht die problematischste Eigenschaft des Menschen überhaupt. 14.400 Kriege seit der menschlichen Geschichtsschreibung (Fischer et al., 2010), Hunderte Millionen von Toten, eine permanent hohe Anzahl bewaffneter Konflikte auf der Welt über alle Generationen hinweg lassen einen zu der Vermutung kommen: Wir könnten nicht ohne Aggression leben. Es scheint, als ob wir es brauchen, andere Menschen leiden zu sehen und uns auf deren Kosten besser zu fühlen.

Eine effektive Intervention gegen diesen Tatbestand könnte sein, dass Menschen mehr Informationen zu kognitiven und affektiven Prozessen in ihrem Gehirn bekommen. Dies könnte geschehen, indem man Psychologie flächendeckend als Schulfach einführt. Die Menschen werden dann das vorhandene Wissen, das wir bisher über das komplexeste neuronale System auf diesem Planeten haben, so weit wie möglich verinnerlichen.

Literatur

Alicke, M. D., & Govorun, O. (2005). The better-than-average effect. *The self in social judgment*, *1*, 85–106.

Apter, M. J. (1992). *The dangerous edge: The psychology of excitement*. Free Press.

Baumeister, R. F. (1990). Suicide as escape from self. *Psychological Review*, *97*(1), 90.

Baumeister, R. F., Smart, L., & Boden, J. M. (1996). Relation of threatened egotism to violence and aggression: The dark side of high self-esteem. *Psychological Review*, *103*(1), 5.

Baumeister, R. F., & Campbell, W. K. (1999). The intrinsic appeal of evil: Sadism, sensational thrills, and threatened egotism. *Personality and Social Psychology Review*, *3*(3), 210–221.

Baumeister, R. F., Campbell, J. D., Krueger, J. I., & Vohs, K. D. (2003). Does high self-esteem cause better performance, interpersonal success, happiness, or healthier lifestyles? *Psychological science in the public interest*, *4*(1), 1–44.

Berkowitz, L., & LePage, A. (1967). Weapons as aggression-eliciting stimuli. *Journal of Personality and Social Psychology*, 7(2p1), 202.

Biehl, B., Aschenbrenner, M., & Wurm, G. (1987). Einfluss der Risikokompensation auf die Wirkung von Verkehrssicherheitsmaßnahmen am Beispiel ABS. Unfall- und Sicherheitsforschung Straßenverkehr, 63, 65–70.

Bless, H., Clore, G.L, Schwarz, N., Golisano, V., Rabe, C., & Wölk, M. (1996). Mood and the use of scripts: Does happy mood make people really mindless? *Journal of Personality and Social Psychology, 63*, 585–595.

Bluhm, F. (2018). What you see is all there is und der Brexit. https://blick-heben.com/kognitives/wysiati-what-you-see-is-all-there-is/wysiati_brexit/

Byrnes, J.P., Miller, D.C., & Schafer, W.D. (1999). Gender differences in risk taking: A meta-analysis. *Psychological Bulletin*, *125*, 367–383.

Cadwalladr, C. (2018): The Cambridge Analytica Files. 'I made Steve Bannon's psychological warfare tool': meet the data war whistleblower. „The Guardian" vom 18. März 2018.

Cassotti, M., & Moutier, S. (2010). How to explain receptivity to conjunction-fallacy inhibition training: Evidence from the Iowa Gambling Task. *Brain and Cognition*, *72*(3), 378–384.

Costa Jr, P. T., & McCrae, R. R. (1992). Four ways five factors are basic. *Personality and individual differences*, *13*(6), 653–665.

Darley, J. M., & Latané, B. (1968). Bystander intervention in emergencies: diffusion of responsibility. *Journal of Personality and Social Psychology*, 8(4p1), 377.

Denscombe, M. (1993). Personal health and the social psychology of risk taking. *Health Education Research*, *8*(4), 505–517.

Dill, K. E., Gentile, D. A., Richter, W. A., & Dill, J. C. (2005). Violence, sex, age and race in popular video games: A content analysis. In: E. Cole & J. Henderson-Daniel (Eds.), Featuring females: Feminist analyses of media (pp. 115–130). Washington, DC: American Psychological Association.

Dollard, J., Doob, L.W., Miller, N., Mowrer, O.H., & Sears, R.R. (1939). *Frustration and aggression*. New Haven: Yale University Press.

Eisenberger, N. I., Lieberman, M. D., & Williams, K. D. (2003). Does rejection hurt? An fMRI study of social exclusion. *Science*, *302*(5643), 290–292.

Eller, E., Streicher, B., & Lermer, E. (2012). Warum wir Risiken falsch einschätzen. Der vernachlässigte Beitrag der Psychologie zum modernen Risikomanagement. Aus: Risiko Manager, 23.

Festinger, L. (1957). A theory of cognitive dissonance. Stanford University Press.

Fischer, J., Fischer, P., Englich, B., Aydin, N., & Frey, D. (2011). Empower my decisions: The effects of power gestures on confirmatory information processing. *Journal of Experimental Social Psychology*, 47, 1146–1154.

Fischer, P., Ai, A., Aydin, N., Frey, D., & Haslam, A. (2011). The relationship between religious identity and preferred coping strategies: An examination of the relative importance of interpersonal and intrapersonal coping in Muslim and Christian faiths. *Review of General Psychology*, 14, 365–381.

Fischer, P. & Greitenmeyer, T. (2010). A New Look at Selective Exposure Effects: An Integrative Model. *Current Directions in Psychological Science*, 19, 384–389.

Fischer, P., Greitemeyer, T., & Frey, D. (2007). The construction of positivity: Self-regulation and positive illusions. *Personality and Social Psychology Bulletin*, 33, 1306–1321.

Fischer, P., Greitemeyer, T., Kastenmüller, A., Frey, D., & Osswald, S. (2007). Terror salience and punishment: Does terror salience induce threat to social order? *Journal of Experimental Social Psychology*, 43, 964–971.

Fischer, P., Greitemeyer, T., Kastenmüller, A., Jonas, E., & Frey, D. (2006). Coping with terrorism: The impact of increased salience of terrorism on mood and self-efficacy of intrinsically religious and non-religious people. *Personality and Social Psychology Bulletin*, 32, 365–377.

Fischer, P., Greitemeyer, T., Kastenmüller, A., Vogrincic, C., & Sauer, A. (2011). The effects of risk-glorifying media exposure on risk-positive cognitions, emotions, and behaviors: A meta-analytic review. *Psychological Bulletin*, 137, 367–390.

Fischer, P., Jander, K., & Krüger, J. (2018). Sozialpsychologie für Bachelor. Cham: Springer.

Fischer, P., Jonas, E., Kastenmüller, A., & Frey, D. (2008). Selective exposure and decision framing: The impact of gain and loss framing on biased information seeking after decisions. *Journal of Experimental Social Psychology*, 44, 312–320.

Fischer, P., Krueger, J., Greitemeyer, T., Kastenmüller, A., Vogrincic, C., Frey, D., Heene, M., Wicher, M., & Kainbacher, M. (2011). The bystander-effect: A meta-analytic review on bystander intervention in dangerous and non-dangerous emergencies. *Psychological Bulletin*, 137, 517–537.

Fischer, P., Lermer, E. & Fischer, J. (2018). Der Bystander-Effekt in gefährlichen und ungefährlichen Hilfesituationen. Manuskript in Vorbereitung.

Fischer, P., Schulz-Hardt, S., & Frey, D. (2008). Selective exposure and information quantity: How different information quantities moderate decision makers' preference for consistent and inconsistent information. *Journal of Personality and Social Psychology*, 94, 231–244.

Freud, S., Strachey, J., Freud, A., & Richards, A. (1953). The Standard Edition of the Complete Psychological Works of Sigmund Freud: Tr. from the German. Hogarth Press.

Frey, D. (1986). Recent research on selective exposure to information. In L. Berkowitz (Ed.). Advances in Experimental Social Psychology. NY: Academic Press. 19, 41–80.

Frey, D.; Gaska, A.; Möhle, C. & Weidemann, J. (1991). Age is just a matter of mind: Zur (Sozial-)Psychologie des Alterns. In J. Haisch & H.-P. Zeitler (Hrsg.). Gesundheitspsychologie. Zur Sozialpsychologie der Prävention und Krankheitsbewältigung. Heidelberg: Asanger. 87–108.

Frey, D. & Schulz-Hardt, S. (1997). Eine Theorie der gelernten Sorglosigkeit. In H. Mandl (Hrsg). Bericht über den 40. Kongress der Deutschen Gesellschaft für Psychologie. Hogrefe Verlag: Göttingen. 604–611.

Frey, D., Ullrich, B., Streicher, B., Schneider, E., & Lermer, E. (2016). Theorie der gelernten Sorglosigkeit. In: D. Frey & H.-W. Bierhoff (Hrsg.). Enzyklopädie der Psychologie – Selbst und soziale Kognition – Sozialpsychologie, 1 429–469. Göttingen: Hogrefe.

Forer, B. R. (1949). The fallacy of personal validation: A classroom demonstration of gullibility. *Journal of Abnormal and Social Psychology*, 44(1), 118–123.

Foster, J. D., Campbell, W. K., & Twenge, J. M. (2003). Individual differences in narcissism: Inflated self-views across the lifespan and around the world. *Journal of Research in Personality*, *37*(6), 469–486.

Frederick, Shane (2005). "Cognitive Reflection and Decision Making". *Journal of Economic Perspectives*. 19 (4): 25–42. doi:10.1257/089533005775196732

Fritsche, I., & Fischer, P. (2009). Terroristische Bedrohung und soziale Intoleranz. In *Diskriminierung und Toleranz* (pp. 303–318). VS Verlag für Sozialwissenschaften.

Gansberg, M. (1964). 37 who saw murder didn't call the police: Apathy at stabbing of Queens woman shocks inspector. New York Times, 1.

Gibbons, F. X. (1986). Social comparison and depression: Company's effect on misery. *Journal of Personality and Social Psychology*, *51*(1), 140.

Goldhagen, D. J. (1996). Hitler's willing executioners: Ordinary germans and the Holocaust. London, UK: Little, Brown and Company.

Grawe, K. (2000). Psychologische Therapie. Göttingen: Hogrefe.

Hagedoorn, M., Sneeuw, K. C., & Aaronson, N. K. (2002). Changes in physical functioning and quality of life in patients with cancer: response shift and relative evaluation of one's condition. *Journal of Clinical Epidemiology*, *55*(2), 176–183.

Harris, A. J., & Hahn, U. (2011). Unrealistic optimism about future life events: A cautionary note. *Psychological Review*, *118*(1), 135–154.

Haslam, S. A. (2004). Psychology in organizations: The social identity approach (2nd ed.). Thousand Oaks, CA: Sage Publications.

Holscher, M. (2018). Studie: 3,3 Milliarden Menschen werden autokratisch regiert. http://www.spiegel.de/politik/ausland/bertelsmann-studie-58-laender-werden-autokratisch-regiert-a-1199167.html.

Kahneman, D. (2011). *Thinking, fast and slow* (Vol. 1). New York: Farrar, Straus and Giroux.

Kernis, M.H., Grannemann, B.D., & Barclay, L.C. (1989). Stability and level of self-esteem as predictors of anger arousal and hostility. *Journal of Personality and Social Psychology*, 56, 1013–1022.

Kray, L. J., & Galinsky, A. D. (2003). The debiasing effect of counterfactual mind-sets: Increasing the search for disconfirmatory information in group decisions. *Organizational Behavior and Human Decision Processes, 91*(1), 69–81.

Jahoda, M. (1953). The meaning of psychological health. Social Casework, 34–349.

Jahoda, M. (1958). Current concepts of positive mental health. New York: Basic Books.

Jonas, E., & Fischer, P. (2006). Terror management and religion: evidence that intrinsic religiousness mitigates worldview defense following mortality salience. *Journal of Personality and Social Psychology*, *91*(3), 553–567.

Kosinski, M., Stillwell, D., & Graepel, T. (2013). Private traits and attributes are predictable from digital records of human behavior. *Proceedings of the National Academy of Sciences*, 201218772.

Langer, E. J., & Rodin, J. (1976). The effects of choice and enhanced personal responsibility for the aged: A field experiment in an institutional setting. *Journal of personality and social psychology*, 34(2), 191.

Latané, B., & Nida, S. (1981). Ten years of research on group size and helping. *Psychological Bulletin*, 89(2), 308.

Lermer, E., Raue, M., & Frey, D. (2016). Risikowahrnehmung und Risikoverhalten. In D. Frey, & H.-W. Bierhoff (Hrsg.). *Enzyklopädie der Psychologie – Soziale Motive und soziale Einstellungen – Sozialpsychologie, 2* (S. 535–580). Göttingen: Hogrefe.

Lermer, E., Streicher, B., Eller, E., & Sachs, R. (2014). Psychologische Einflüsse II: Risikoeinschätzung in Gruppen (Emerging Risk Discussion Paper).

Lermer, E., Streicher, B., Sachs, R., & Frey, D. (2013). How risky? The impact of target person and answer format on risk assessment. *Journal of Risk Research*, *16*(7), 903–919.

Lermer, E., Streicher, B., & Frey, D. (2015). Die Sozialpsychologische Dimension: Die Entscheidung für mehr Risiko. In: Union Investment (Hrsg.). *Die Vermessung des Risikos*. Frankfurt: Union Investment Institutional GmbH.

Libet, B. (1979). Subjective referral of the timing for a conscious sensor experience: A functional role for the somatosensory specific projection system in man. Brain, 194, 191–222.

Linville, P. W., Fischer, G. W., Fischhoff, B., Pryor, J. B., & Reeder, G. D. (1993). Perceived risk and decision making involving AIDS. The social psychology of HIV infection, 5–38.

Locke, K. D. (2009). Aggression, narcissism, self-esteem, and the attribution of desirable and humanizing traits to self versus others. *Journal of Research in Personality, 43*(1), 99–102.

Lord, C. G., Lepper, M. R., & Preston, E. (1984). Considering the opposite: a corrective strategy for social judgment. *Journal of Personality and Social Psychology,* 47(6), 1231.

McDonald, L., & Robinson, P. (2009). *A colossal failure of common sense: The incredible inside story of the collapse of Lehman Brothers*. London, England: Ebury.

McKenna, F. P. (1993). It won't happen to me: Unrealistic optimism or illusion of control?. *British Journal of Psychology, 84*(1), 39–50.

Nyhan, B., & Reifler, J. (2010). When corrections fail: The persistence of political misperceptions. P*olitical Behavior*, 32(2), 303–330.

Otten, W., & Van der Pligt, J. (1992). Risk and behavior: The mediating role of risk appraisal. *Acta Psychologica, 80*(1-3), 325–346.

Perloff, L. S., & Fetzer, B. K. (1986). Self-other judgments and perceived vulnerability to victimization. *Journal of Personality and Social Psychology, 50*(3), 502–510.

Piff, P. K. (2014). Wealth and the inflated self: Class, entitlement, and narcissism. *Personality and Social Psychology Bulletin, 40*(1), 34–43.

Ramm, W. (2018). Steinblöcke auf dunkler Straße. http://www.spiegel.de/panorama/justiz/bremen-zwei-maenner-sollen-nachts-schwere-steine-auf-strassen-gelegt-haben-a-1228555.html

Rhodes, M., & Brickman, D. (2008). Preschoolers' responses to social comparisons involving relative failure. *Psychological Science*, *19*(10), 968–972.

Rhodewalt, F., & Morf, C. C. (1998). On self-aggrandizement and anger: A temporal analysis of narcissism and affective reactions to success and failure. *Journal of Personality and Social Psychology*, 74(3), 672–685. http://dx.doi.org/10.1037/0022-3514.74.3.672

Richter, C. (1957). On the phenomenon of sudden death in animals and man. Psychosomatic Medicine, 19, 191–198.

Schmitt, D. P., & Allik, J. (2005). Simultaneous administration of the Rosenberg Self-Esteem Scale in 53 nations: exploring the universal and culture-specific features of global self-esteem. *Journal of Personality and Social Psychology*, *89*(4), 623.

Schneider, E., Streicher, B., Lermer, E., Sachs, R., & Frey, D. (2017). Measuring the Zero-Risk Bias. *Zeitschrift für Psychologie*.

Schulz-Hardt, S., Frey, D., Lüthgens, C., & Moscovici, S. (2000). Biased Information Search in Group Decision Making. *Journal of Personality and Social Psychology*. 78, 655–699.

Seligman, M. E. (1999). Erlernte Hilflosigkeit (Vol. 16). Weinheim: Beltz.

Seligman, M. E., Maier, S. F., & Geer, J. (1979). Alleviation of learned helplessness in the dog. In: Origins of Madness (pp. 401–409).

Sherif, M. (1966). Group conflict and co-operation: Their social psychology. London: Routledge & Kegan Paul.

Sherif, M., & Sherif, C. W. (1953). Groups in harmony and tension: An integration of studies on intergroup relations. New York: Octagon.

Sherif, M., Harvey, o.J., White, B. J., Hood, W.R., & Sherif, C. W. (1961). *Intergroup conflict and cooperation: the Robbers Cave experiment.* University of Oklahoma Book Exchange, Norman.

Seligman, M. E., Maier, S. F., & Geer, J. (1979). Alleviation of learned helplessness in the dog. In: *Origins of Madness* (pp. 401–409).

Sorkin, A. R. (2009). *Too big to fail: Inside the battle to save Wall Street.* London, England: Allen Lane.

Stein, M. (2013). When does narcissistic leadership become problematic? Dick Fuld at Lehman Brothers. *Journal of Management Inquiry*, 22(3), 282–293.

Stöcker-Gietl, I., Ziegler, W., & Vogt, L. (2018). Des einen Leid, des anderen Foto.

https://www.mittelbayerische.de/politik-nachrichten/des-einen-leid-des-anderen-foto-21771-art1583253.html

Svenson, Ola (February 1981). "Are We All Less Risky and More Skillful Than Our Fellow Drivers?" (PDF). *Acta Psychologica.* 47 (2): 143–148. doi:10.1016/0001-6918(81)90005-6.

Tabachnik, N., Crocker, J., & Alloy, L. B. (1983). Depression, social comparison, and the false-consensus effect. *Journal of Personality and Social Psychology*, *45*(3), 688.

Tajfel, H. (1970). Experiments in intergroup discrimination. *Scientific American*, 223(5), 96–103.

Taylor, S. E., & Brown, J. D. (1988). Illusion and well-being: a social psychological perspective on mental health. *Psychological Bulletin*, 103(2), 193–210.

Tetlock, P. E. (2002). Social functionalist frameworks for judgment and choice: Intuitive politicians, theologians, and prosecutors. *Psychological Review, 109*(3), 451–471.

Tibman, J. (2009). *The murder of Lehman Brothers: An insider's look at global meltdown*. New York, NY: Brick Tower Press.

Twenge, J. M. (2006). *Generation me: Why today's young Americans are more confident, assertive, entitled – and more miserable than ever before*. New York, NY: Free Press.

Twenge, J. M., Konrath, S., Foster, J. D., Keith Campbell, W., & Bushman, B. J. (2008). Egos inflating over time: A cross-temporal meta-analysis of the Narcissistic Personality Inventory. *Journal of Personality*, *76*(4), 875–902.

Wade, W. C. (1987). The Ku Klux Klan in America: The Fiery Cross.

Walker, I. (2007). Drivers overtaking bicyclists: Objective data on the effects of riding position, helmet use, vehicle type and apparent gender. *Accident Analysis & Prevention*, 39(2), 417–425.

Weinstein, N. D. (1980). Unrealistic optimism about future life events. *Journal of Personality and Social Psychology*, *39*(5), 806.

Weinstein, N. D. (1984). Why it won't happen to me: perceptions of risk factors and susceptibility. *Health Psychology*, *3*(5), 431.

Wicker, A. W. (1969). Attitudes versus actions: The relationship of verbal and overt behavioral responses to attitude objects. *Journal of Social Issues, 25*(4), 41–78.

Wiederschein, H. (2016). 150 Jahre Folter und Verfolgung. Prügel, Kastration, Mord: So grausam verbreitete der Ku-Klux-Klan Angst und Schrecken. https://www.focus.de/wissen/mensch/geschichte/150-jahre-folter-und-verfolgung-pruegel-kastration-mord-so-grausam-verbreitete-der-ku-klux-klan-angst-und-schrecken_id_5202974.html.

Wilde, G. J. S. (1988). Risk homeostasis theory and traffic accidents: Propositions, deductions and discussion of dissension in recent reactions. Ergonomics, 31, 441–468.

Williams, K. D. (2001). Ostracism: The power of silence. New York: Guilford Publications.

Williams, K. D. (2007). Ostracism. *Annual Review of Psychology*, 58.

Williams, E. F., & Gilovich, T. (2012). The better-than-my-average effect: The relative impact of peak and average performances in assessments of the self and others. *Journal of Experimental Social Psychology*, 48(2), 556–561.

Wills, T. A. (1981). Downward comparison principles in social psychology. *Psychological Bulletin*, *90*(2), 245.

Wilson, T. D., Reinhard, D. A., Westgate, E. C., Gilbert, D. T., Ellerbeck, N., Hahn, C., & Shaked, A. (2014). Just think: The challenges of the disengaged mind. *Science*, *345*(6192), 75–77.

Zillmann, D. (1988). Cognition-excitation interdependences in aggressive behavior. *Aggressive Behavior*, 14(1), 51–64.

Online

https://www.nytimes.com/1997/06/03/business/while-it-s-merger-season-on-wall-st-some-question-the-firm-s-intentions.html

https://www.wiwo.de/finanzen/vorsorge/ueberversicherte-deutsche-so-vermeiden-sie-unnoetige-versicherungen/10981166.html

https://www.focus.de/wissen/mensch/geschichte/150-jahre-folter-und-verfolgung-pruegel-kastration-mord-so-grausam-verbreitete-der-ku-klux-klan-angst-und-schrecken_id_5202974.html

http://www.spiegel.de/panorama/justiz/bremen-zwei-maenner-sollen-nachts-schwere-steine-auf-strassen-gelegt-haben-a-1228555.html

http://www.spiegel.de/politik/ausland/bertelsmann-studie-58-laender-werden-autokratisch-regiert-a-1199167.html

https://www.mittelbayerische.de/politik-nachrichten/des-einen-leid-des-anderen-foto-21771-art1583253.html

http://www.goettinger-tageblatt.de/Nachrichten/Panorama/Aggressiver-Gaffer-nach-toedlichem-Unfall-festgenommen

https://www.nytimes.com/1964/03/27/archives/37-who-saw-murder-didnt-call-the-police-apathy-at-stabbing-of.html?mtrref=www.google.de&gwh=447753D82509C6401799BC57D7DBD4AD&gwt=pay

Autoren

Prof. Dr. Peter Fischer
ist Inhaber des Lehrstuhls für Sozial-, Arbeits-, Organisations- und Wirtschaftspsychologie an der Universität Regensburg. Seine Schwerpunktthemen liegen in den Bereichen evidenzbasierte Führung, Digitalisierung und Informationsverarbeitung bei Entscheidungen.

Prof. Dr. Eva Lermer
ist Psychologin und Soziologin. Sie forscht und lehrt an der FOM Hochschule in München sowie der Universität Regensburg. Ihre Forschungsschwerpunkte liegen in den Bereichen Risikoverhalten, Entscheidungen und Positive Psychologie.

FATALISMUS MACHT COOL

Matthias Drobinski
Lob des Fatalismus
ISBN 978-3-532-62811-9

Seit jeher hat der Fatalismus einen schlechten Ruf. Philosophen, Theologen und Politiker haben ihn im Namen der Willensfreiheit bekämpft. Und doch ist es an der Zeit, ihn neu zu entdecken – als Tugend, als Haltung und als Möglichkeit, das Leben zu meistern.

Diesen Titel erhalten Sie in Ihrer Buchhandlung oder versandkostenfrei – innerhalb Deutschlands – direkt bei uns: Bestelltelefon: 089-121 72 119, www.claudius.de

claudius

www.claudius.de

Umschlaggestaltung: Weiss Werkstatt, München
Layout: Mario Moths, Marl
Gesetzt aus Sabon und der Officina Sans ITC
Druck: GGP Media GmbH, Pößneck

ISBN 978-3-532-62825-6